AF269377

# Quirón

*Bernadette Sauzea y Catalina Juan*

# Quirón
## El nuevo planeta

EDICIONES OBELISCO

**Colección Astrología**
QUIRÓN. EL NUEVO PLANETA
*Bernadette Sauzea y Catalina Juan*

1.ª edición: mayo de 1989
2.ª edición: septiembre de 2022

Corrección: Sara Moreno
Diseño de cubierta: *Enrique Iborra*

© 1989, Bernadette Sauzea y Catalina Juan
(Reservados todos los derechos)
© 2022, Ediciones Obelisco, S. L.
(Reservados los derechos para la presente edición)

Edita: Ediciones Obelisco, S. L.
Collita, 23-25. Pol. Ind. Molí de la Bastida
08191 Rubí - Barcelona - España
Tel. 93 309 85 25
E-mail: info@edicionesobelisco.com

ISBN: 978-84-9111-887-9
Depósito Legal: B-13.246-2022

Impreso en los talleres gráficos de Romanyà/Valls S. A.
Verdaguer, 1 - 08786 Capellades - Barcelona

*Printed in Spain*

*Cada situación es un desafío que necesita una respuesta justa. El problema ya no existe cuando la respuesta es exacta. Si la respuesta está equivocada, el problema queda sin resolver. Vuestro problema no resuelto constituye vuestro karma. Resolvedlo y seréis libres.*

Sri Nisargadatta Maharaj

*La astrología es una ciencia iluminadora. He aprendido mucho gracias a ella y le debo mucho. Los conocimientos geofísicos ponen en relieve el poder de las estrellas y de los planetas en el destino terrestre. En un cierto sentido, la astrología lo refuerza. Es la razón por la cual es un elixir de vida para la humanidad.*

Albert Einstein

# I
# INTRODUCCIÓN

# EL DESCUBRIMIENTO DE QUIRÓN

*Quirón fue descubierto en 1977 por el astrónomo Charles T. Kowal, del observatorio de Hale, Pasadena (California). Examinando fotografías tomadas con un telescopio durante un período de varias horas, localizó un objeto situado en el exterior de la órbita de Urano, que se movía un poco más rápido que él, cuyas coordenadas fueron situadas por los astrólogos a 3° 08° del signo de Tauro. Era demasiado importante para tratarse de un cometa, con una órbita desconocida y no comparable con la de otros planetas.*

*Por su tamaño habría podido ser un asteroide, pero resultaba desconcertante que su órbita no estuviera más cercana al Sol, como la mayoría de los asteroides cuya órbita se sitúa entre Marte y Júpiter. Sin embargo, la órbita de Quirón se halla entre Saturno y Urano, y es muy elíptica; en el afelio –cuando está más alejado del Sol– cruza la órbita de Urano, y en el perihelio –cuando está más cercano al Sol–, la de Saturno, acercándose más a la Tierra que este último.*

*La duración de la órbita oscila entre 46 y 50 años, dependiendo de la interacción con las órbitas de Saturno y Urano en los períodos de acercamiento máximo, en los que no hay peligro de colisión.*

*Kowal, casi casualmente, decidió llamar a este nuevo planeta Quirón, nombre que pertenece a un centauro de la mitología griega. El nuevo planeta saltaba, como el centauro, entre su padre Saturno y su abuelo Urano, de allí la elección del nombre, Quirón, tan apropiado*

*para este nuevo planeta; pero el astrónomo también captó inconsciente-
mente un mensaje del inconsciente colectivo que nos da la clave para
interpretar y conocer la significación astrológica de Quirón.*

*Es divertido constatar que astrónomos y astrólogos no se apartan de
la tradición; en pleno siglo XX siguen dando nombres mitológicos a los
planetas, asteroides y naves espaciales, reconociendo, de manera implícita la acción física y el efecto psicológico de los cuerpos celestes que gra-
vitan en el espacio sideral, prueba de una memoria colectiva que re-
monta a la noche de los tiempos.*

*La próxima nave espacial que Francia mandará al espacio se llamará
Hermes y llevará consigo tres hombres, mensajeros del cielo como Hermes.*

*En 1930, un planeta pesado y lento había sido bautizado Plutón…
Y en 1781, período de las Revoluciones francesa y americana, un planeta fue llamado Urano. Urano, planeta símbolo de libertad, rebelión y
cambio, fue descubierto en el tiempo del despertar de la consciencia de
libertad social. El planeta se vuelve visible al astrónomo cuando la humanidad está preparada para tomar consciencia de sus influjos.*

*El reconocimiento de un nuevo planeta despierta una serie de reflexio-
nes: primeramente, existía antes de su descubrimiento y actuaba tanto en
el sistema solar como en nuestra vida. Pero parece ser que a partir del
momento conmovedor en el cual el astrónomo toma conciencia de la exis-
tencia de un planeta, desconocido hasta entonces, éste empieza a extender
sutilmente su influencia, provocando acontecimientos muy específicos.*

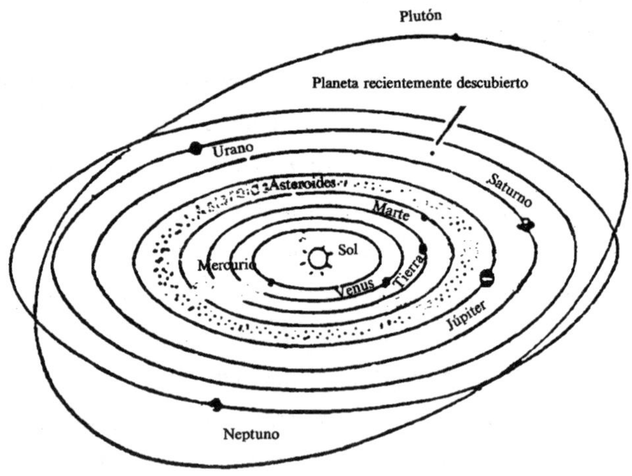

*Otro ejemplo nos lo está dado por Plutón, cuyo descubrimiento coincide con el del Plutonio, los rayos X, las radiaciones, etc. Representa los poderes de lo invisible que mata, vivifica o pone al descubierto aspectos ocultos de las cosas.*

*Muchos astrólogos se niegan a considerar a Plutón en los horóscopos. ¿Pero cómo ignorar un planeta que pertenece a nuestro sistema solar? ¡Plutón da miedo! Plutón (Hades), dios de los mundos subterráneos, es también el que no puede ser visto, reina sobre la muerte, lo oscuro y escondido. Podemos decir que existen interpretaciones exotéricas y esotéricas, pero negar a Plutón es negar el sentido profundo de una carta astral e impedir la posibilidad de transmutación de un destino.*

*Esta obra se dedica al estudio del cuarto planeta transaturniano y considera injusto su olvido. ¿Por qué dejarlo gravitar en solitario en nuestro inconsciente, ignorado pero activo?*

*No tratamos de apartarnos de la tradición, sino que, partiendo de ella, deseamos integrar de forma útil los descubrimientos de la ciencia.*

*Pretendemos utilizar los nuevos conocimientos para adquirir una comprensión más amplia, más abierta, hacia un futuro en expansión, en lugar de cerrar los ojos al progreso y al cambio.*

*Cada época aporta una nueva luz, ahora Quirón nos ofrece la posibilidad de interpretar con más sutileza la relación complementaria entre Saturno y Urano. En las siguientes páginas, iniciaremos un primer análisis de Quirón, de su historia y de su influencia.*

*Una segunda reflexión se impone: cada astrónomo «inventor» de planetas lleva inscrito en su carta astral, como toda su generación, el cuerpo celeste que va a desvelar ante la humanidad; y este planeta, al ser puesto en evidencia, desarrollará su campo de acción a niveles personales y mundiales, empujándonos a cambiar nuestra actitud.*

*Si los astros «inclinan» pero no determinan, inclinémonos ante el recién llegado a nuestro conocimiento: el rey-centauro Quirón.*

*En junio del 78, se editaron las primeras efemérides de Quirón que cubrían un período entre 1937 y 1976, en Nueva York. Posteriormente se publicaron nuevas efemérides más completas.*

*Al final de este libro se encuentran unas tablas para averiguar la posición de Quirón.*

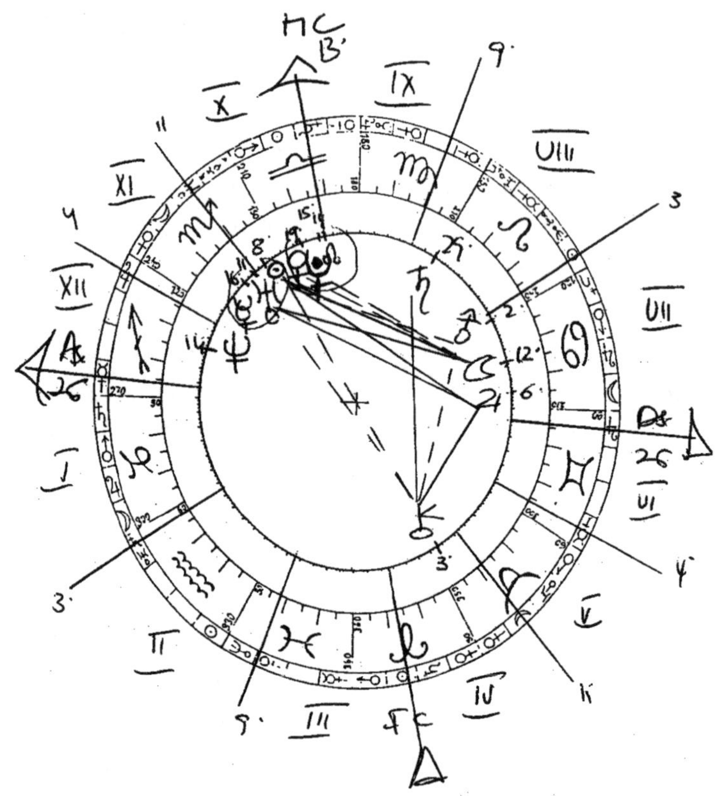

Descubrimiento de Quirón
1 de noviembre 1977
10 h a.m. Pasadena (California)

## II

# REPRESENTACIÓN GRÁFICA DE QUIRÓN

En el primer símbolo que representa a Quirón podemos observar que está compuesto de un círculo –imagen de la totalidad–, que representa el espíritu; de la cruz, que simboliza la materia; y del semicírculo, que simboliza el alma. La materia sirve aquí de unión entre el espíritu y el alma.

Es la realización material del individuo partiendo en su origen del espíritu puro que se refleja en el alma, polaridad femenina del espíritu y animada por su propio creador. Visto desde otro ángulo, es un reflejo de una época, la que nos ha tocado vivir, en la que lo psíquico y lo material imperan sobre lo espiritual.

El símbolo b, que es el que utilizaremos, representa a Quirón como una llave, ya que parece que sus tránsitos actúan produciendo una apertura de perspectiva al nivel de planeta aspectado. El círculo elíptico representa su órbita.

El símbolo c se encuentra en las efemérides de Malcom Dean, quien defiende el uso de este símbolo por tener significados más profundos que el símbolo de la llave. Si miramos este gráfico, observamos las flechas CH, pero si lo hacemos con más atención podemos ver la C como el cuarto creciente de la Luna que está relacionado con el papel mítico de Quirón como maestro, gurú o sacerdote. Quirón no sólo enseña arte y filosofía, sino que también enseña al espíritu a elevarse por encima del reino animal y cotidiano que, a menudo simboliza la Luna. La H puede ser vista como las dos co-

13

lumnas, las que están representadas en la carta del tarot el Papa, que nos muestra un maestro sentado entre dos columnas y llevando en su cuello una Luna creciente. Estas columnas representan los polos de la dualidad que la mente tiene que unir para conseguir la unión mística.

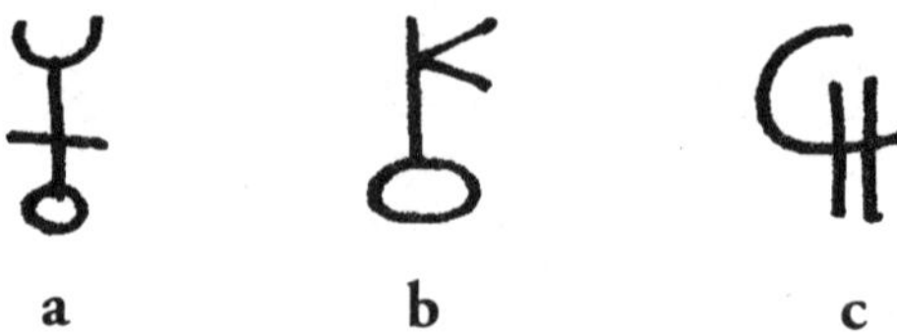

a      b      c

Esta representación fue rechazada por varios astrólogos ingleses que veían en ella una similitud con un símbolo de brujería muy conocido en Inglaterra, ¡pero también tenía cierto parecido con el emblema de la Unión Soviética!

# III

# DESCUBRIENDO EL MITO

En la mitología griega, Quirón era el hijo de Cronos (Saturno) y Filira, una ninfa del mar. Para esquivar la mirada de su esposa Rea, Saturno se transformó en caballo para unirse a Filira; pero no pudo evitar que su esposa se enterara. Y la pobre Filira tuvo que huir a una isla del mar Egeo para dar a luz a su hijo; cuando vio el ser que había engendrado, rogó a los dioses que la transformaran, y ellos la convirtieron en un tilo. Quirón fue abandonado por su madre, pero al ser inmortal, no murió. Otras versiones cuentan que Filira era una ninfa de los árboles y que su nombre significa «tilo»; en otra versión era Filira una música, amante de la lira.

Parece ser que Quirón fue el primero de los centauros y que reinó sobre ellos a través de los siglos como su rey-sacerdote. Fue adoptado y protegido por Apolo, que le enseñó las artes, las ciencias, la adivinación y la sabiduría que le haría elevarse por encima de su naturaleza animal. En otra versión fue Atenea su protectora. Centauro benefactor, era sabio y fue un gran maestro; se retiró al monte Pelión, a una cueva, donde adquirió un gran renombre por sus conocimientos.

Conocía las virtudes curativas de las plantas (cerca del monte Pelión crece la planta llamada centaurea, cuyas virtudes curativas la hicieron llamar *panakes* o remedio universal) y es el padre de la cirugía. Su nombre proviene de *Cheir,* que significa «mano» en griego y que es un órgano de curación por sus virtudes magnéticas o por su uso en la cirugía.

A Quirón le fueron encomendados muchos héroes para que los adiestrara en la caza, la música (enseñaba con un instrumento llamado *kithara,* que es el precursor de la guitarra moderna), en el arte militar además de la medicina. Entre otros, cabe destacar a Acteón, Eneas, Jasón y Medeo.

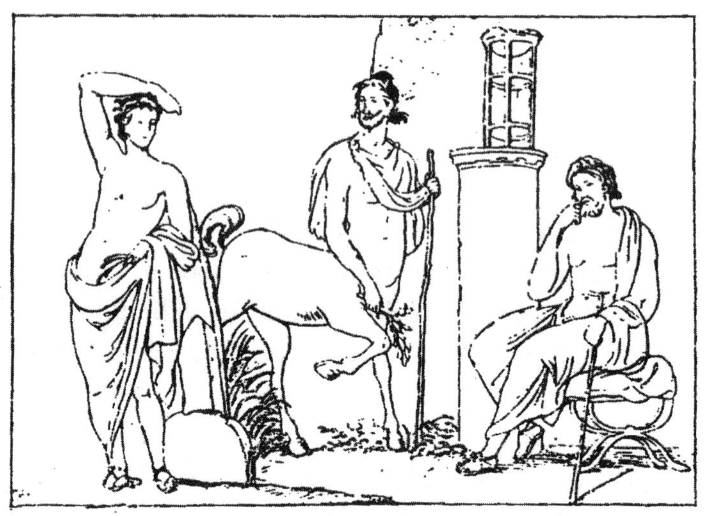

Los tres dioses de la curación: Apolo, Quirón y Asklepios
(mural de Pompeya)

Hasta tal punto era grande el conocimiento que poseía de las virtudes medicinales de las plantas, que Apolo le confió la educación de su hijo Asclepio, que fue el más dotado de sus discípulos. En la versión más generalizada de la leyenda se dice que Apolo se enamoró de Coronide, hija del rey tesalio Flegias, la cual concibió de él a Asclepio; pero Coronide mantuvo relaciones con un humano, y cuando Apolo se enteró, la hizo matar; delante de su cadáver, se conmovió y mandó a llamar a Hermes, que salvó al niño practicando una cesárea.

Confió luego la crianza y educación de Asclepio a Quirón, quien le enseñó el arte de la medicina. Se reveló Asclepio tan dotado en la cirugía y el uso de las plantas, que se transformó en el dios de la medicina.

Se crearon muchos santuarios dedicados a Asclepio, siendo el más famoso el templo de Epidauro (siglo IV a. C.). Se representaba a Asclepio con una corona de laurel en la cabeza y llevando en la mano un bastón rodeado por una serpiente. Los latinos importaron su culto y lo llamaron Esculapio.

Quirón ayudó al rey Peleo a casarse con Tetis, una de las nereidas, y la boda se celebró en el monte Pelión, delante de su cueva. De dicha unión nació Aquiles (que fue abandonado por su madre), cuya educación fue confiada a Quirón. El centauro le enseñó varias artes, entre otras la medicina, pero sobre todo le inspiró un gran valor y le hizo adquirir mucha fuerza, haciéndole comer entrañas de animales salvajes. Aquiles heredó de su padre una espada, que Quirón le había ofrecido como regalo de boda; en su ruta para la guerra de Troya, Aquiles hirió con ella al rey Telefo. Habiendo pedido este último consejo acerca de su herida a Apolo, éste le dijo que sólo podría ser curada por su propia causa. Así que Aquiles puso un fragmento oxidado de su espada en la herida y, ayudado por emplastes de hierba, la sanó, ilustrando el proverbio griego: «lo que hiere también cura».

Llegó el tiempo en que Quirón tuvo que abandonar su montaña con sus centauros. En el transcurso de la boda de Piritoo, los centauros que habían sido invitados se emborracharon con el vino, que confundieron con cerveza (su bebida habitual), y trataron de raptar a las mujeres y de violar a la novia; como consecuencia de esta actitud fueron perseguidos y derrotados por los lapitas; Quirón tuvo que abandonar su cueva y se instaló en las colinas del cabo Malea, donde los centauros perseguidos por Hércules (Herakles) trataron de refugiarse. Por accidente, una flecha envenenada lanzada por Hércules hirió a Quirón en la rodilla; antiguo discípulo de Quirón, Hércules, afligido, trató de curarle con los remedios que el propio Quirón le había enseñado, tratando la herida con la famosa centaurea que cura las picaduras de serpiente (la flecha había sido empapada en el veneno de la Hidra de Lerna). Logró aliviar su dolor, pero no sanó la herida.

Centauro

Pasaron los años, y Hércules intercedió ante Zeus para obtener la gracia de Prometeo encadenado en el monte Cáucaso por haber robado el fuego divino para entregarlo a los hombres. Zeus decidió liberar a Prometeo, pero puso dos condiciones: la primera, seguir llevando una cadena simbólica representada por un anillo, y la segunda, que un inmortal debía aceptar ponerse en su lugar. Hércules recordó a Zeus que Quirón quería ceder su inmortalidad desde que padecía una herida incurable. Entonces Quirón pudo acabar su vida en la Tierra agradeciendo poder resolver el problema de Prometeo y el suyo propio. Pero Quirón fue liberado por Zeus que, después de nueve días, lo transformó en la constelación del Centauro proyectándolo al cielo.

Algunos escritos llamados «preceptos de Quirón» han sobrevivido junto a otros fragmentos pseudohoméricos, confirmando que fue conocido como un maestro ético y religioso y también como profeta.

Su esposa fue Cariclo, una ninfa del agua; tuvieron una hija llamada Hipe, que poseía el don de la profecía. Eurípides comenta a propósito de Hipe:

*La que fue la primera en predecir por oráculos.*
*Y por la salida de las estrellas, los acontecimientos adivinaba.*

Hipe se quedó embarazada de Eolo y temió el furor de su padre; así que pidió ayuda a Poseidón, que la convirtió en un caballo; en otra versión se dice que profetizó la renuncia a la inmortalidad de su padre y, debido a esto, tuvo que recurrir a la ayuda de Poseidón. Poseidón la convirtió en un caballo y la trasladó al cielo en forma de constelación; dicha constelación se conoce como el «Caballo» o «Pegasus».

Esto demuestra el conocimiento astronómico y astrológico de Quirón, ya que fue él quien enseñó a su hija, convirtiéndola en un instrumento para sus predicciones.

Veremos más adelante la importancia del mito para ayudarnos a empezar a entender los posibles significados del planeta y guiarnos en su interpretación.

# IV

# SIGNIFICADO ASTROLÓGICO DE QUIRÓN

Los significados que se atribuyen a Quirón se basan en el estudio de la mitología y en la excentricidad de su órbita.

Primero vamos a explorar los significados de Quirón viajando a través de la mitología del Centauro.

Vemos primero que Quirón es hijo de un dios y una ninfa. Por su herencia puede comprender y acceder a ambos mundos: el de los dioses y el de los mortales. Este hecho también queda reflejado en su forma física: un centauro, mitad hombre –conexión con lo divino, lo espiritual– y mitad caballo –conexión con los instintos, las pasiones–. La Casa astrológica en que esté situado nos dará una idea de cuáles son los aspectos de la vida en los que podemos ser más instintivos e irracionales, allí donde nuestro ser animal puede adquirir más fuerza, y, al mismo tiempo, donde somos más capaces de trascender, mediante nuestro propio esfuerzo, la parte instintiva, dejando aflorar nuestro ser espiritual, transmutando el gran potencial de la energía animal y utilizándola para nuestro crecimiento hacia otros niveles del ser.

Otro aspecto importante es el rechazo de Quirón por parte de su madre. Ésta sintió vergüenza al ver al ser que había engendrado y lo abandonó. Observamos aquí la conexión entre Quirón y el «rechazo». En la Casa astrológica en la que encontremos a Quirón se nos mostrará el aspecto de la vida en el cual somos más susceptibles al rechazo, donde quizá lo hemos vivido ya –real o imaginario–, lo cual abrió una grieta en nuestra afectividad, quedando una herida que despierta a la más mínima insinuación.

Pero Quirón recibió ayuda y educación por parte de los dioses hasta convertirse él mismo en un gran maestro. Parece ser que a pesar del dolor del rechazo que experimentamos en esta Casa, en realidad contamos también con una gran protección, surgirá la ayuda que necesitamos para superar la prueba y transmutar el dolor en conocimiento, que será útil primero para nosotros, pero también deberá ser compartido con otros.

Quirón se convirtió en educador de niños superdotados. Algunos dioses le confiaron a sus hijos para que los educara. Él les enseñaba las artes, las ciencias, la adivinación, la caza, la guerra, la música y también las virtudes curativas de las plantas.

Entre sus discípulos se encuentran Asclepio, padre de la medicina; Aquiles, al que instruyó en medicina y en el arte de la guerra, Jasón, Eneas y Medea.

Podemos deducir de esto que Quirón tiene asignado el papel de instruir, enseñar, hacer madurar a la persona; la posición de Quirón nos proporciona información acerca de las experiencias vitales que necesitamos para nuestra evolución. En la medida que somos conscientes de la lección implícita en cada experiencia, el sufrimiento que ésta nos produce se transforma en la llave que nos permitirá acceder a un nivel más alto de madurez.

Para la persona que no quiere ser consciente de ello, Quirón actuará como un planeta inductor de experiencias penosas que se irán repitiendo una y otra vez hasta que entienda su significado y lo asuma. Quirón fue abandonado a su suerte, y lo que podía convertirse en una tragedia, cambio de signo al ser protegido por los dioses, que a cambio de una pérdida afectiva absoluta, le transmitieron la sabiduría que, más tarde, le permitió convertirse en un gran maestro.

Vemos aquí la indicación clara de que todo individuo que entra en el camino iniciático, tiene que pasar por una fase de abandono de todo lo que posee y quiere. Puede ser incluso apartado de los suyos, como si, de repente, se hubiese transformado en un monstruo; el que trasciende una parte de sí mismo provoca miedos a su alrededor, aislándose del «rebaño».

En los Evangelios encontramos también este mensaje: «Y quien abandone casa, hermanos, padre y madre, hijos, a causa de mi Nombre, recibirá el quíntuple y tendrá en compensación la vida eterna» (Mt 19, 29).

Es también la filosofía implícita en el proverbio: «El que pierde, gana». La conclusión astrológica de estos acontecimientos es que Quirón nos enfrenta con pruebas, pero en cambio nos asegura protección y ayuda para superarlas. Quirón, que no conoció padre ni madre, se convertirá en el padre adoptivo y educador.

¿Qué enseñaba Quirón? El arte de la guerra y el de la curación, dos antagonistas. Parecería contradictorio que este gran médico también enseñara a sus discípulos cómo herir y matar, pero nos demuestra que su enseñanza es completa en todas las direcciones posibles. Un texto zen nos dice: «El camino verdadero no es difícil, pero no debemos amar ni escoger». Y el Tao: «El hombre completo utiliza su inteligencia a la manera de un espejo. Sabe y conoce sin sentir ni atracción ni repulsión; por ello, es superior a todas las cosas y neutro hacia ellas».

Las enseñanzas de Quirón abarcaban en todo, transmitía a cada alumno lo que serviría para el desarrollo de su destino sin tener en cuenta sus propias ideas ni manifestar ninguna preferencia. No se trata de un gran benéfico, sino de un maestro que está más allá del bien y del mal, buscando sólo el conocimiento y el desarrollo del hombre. Bajo sus tránsitos podemos encontrar al criminal y a la víctima, mostrándonos que la lección va más allá de una posición moral y que no puede ser juzgada según nuestros criterios. También encontramos un Quirón relevante en las cartas astrales de terapeutas, psicólogos, líderes espirituales, médicos, profesores y en general de individuos que tienen una influencia importante sobre los demás. Su influencia no puede definirse como maléfica o benéfica, actúa como un desestabilizador que nos obliga a crear un orden propio sumergiéndonos en experiencias dolorosas (que pueden ser enfermedades) y nos provoca un despertar de conciencia. La experiencia globalmente puede definirse como positiva, pero si la analizamos paso a paso podemos encontrar fragmentos muy dolorosos y difíciles de superar.

Al enfrentarnos con las pruebas que Quirón nos propone, despertamos el héroe que yace dentro de nosotros. Quirón preparaba a sus alumnos para que se convirtiesen en héroes, sus hazañas se relacionaban tanto con la supervivencia personal como con la ayuda a los demás. El lugar donde se ubica Quirón en un horóscopo demuestra dónde y cómo podemos desarrollar nuestro potencial latente para convertirnos en héroes para realizar hazañas imposibles en la cotidianidad.

El mito de Quirón está relacionado también con el matrimonio y los hijos. En su cueva se celebraron varias bodas, todas protegidas por Quirón. Hemos encontrado varios casos en los que bajo tránsitos de Quirón sobre la Venus natal, la persona contrajo matrimonio, el cual fue importante para el desarrollo espiritual de ambos cónyuges; más que tratarse de matrimonios por amor, encontramos matrimonios en los que hay implícitos un aprendizaje importante para la persona y un factor de protección.

La parte más sorprendente del mito se relaciona con la herida incurable que padecía el propio Quirón. De nuevo encontramos a Quirón viviendo las dos caras de la moneda: paciente y médico. Parece como si su enseñanza nos forzara a vivir la experiencia completa a través de su antagonismo. Debemos sufrir la enfermedad para sentirnos obligados a despertar a nuestro médico interior, que nos ayudará a descubrir la causa verdadera de nuestra enfermedad. Éste nos dará además el conocimiento suficiente para poder ayudar a otros. En la cultura chamánica, los hechiceros y los curanderos eran iniciados a través de ritos que comportaban la superación de enfermedades, lo cual les daba una comprensión a nivel profundo de la naturaleza de la enfermedad y de los mecanismos de la curación.

A menos que el significado de nuestra enfermedad se haga consciente, nuestra curación nunca será completa. El precio a pagar por el mantenimiento de nuestra salud es el continuo desarrollo de nuestra consciencia y, paradójicamente, el precio a pagar por el desarrollo de nuestra consciencia pasa por el conocimiento de los mecanismos de la salud y la enfermedad.

Actualmente, las personas que poseen estos potenciales de curación atribuidos antiguamente a los chamanes son muy a menudo consideradas como neuróticas o tratadas de enfermos mentales. Nuestra sociedad rechaza cobardemente estos potenciales que posee el ser humano, y al carecer de un método para reconocer y desarrollar estos potenciales, los mantiene reprimidos, condenando al individuo que los posee a convertirse en un ser marginado.

Pero la herida de Quirón era incurable, lo cual nos sugiere que el camino de la evolución del ser no tiene límite. La herida representa la fragmentación del ser que no podrá ser curada a menos que el individuo recobre la unidad perdida.

Quirón cambió su inmortalidad con Prometeo, ya que deseaba morir: la verdadera curación sólo puede tener lugar después de una muerte. Quirón de nuevo necesita las dos vertientes: la vida y la muerte. Ni la una ni la otra son completas en sí mismas, se necesitan mutuamente para adquirir significado. Él, que posee la vida eterna, escoge la muerte, enseñándonos la necesidad de aceptar la muerte como parte integrante de la vida. Es curioso observar que coincidiendo con el descubrimiento de Quirón, aparece también un interés a nivel masivo por la preparación a la muerte. En Estados Unidos, por ejemplo, la doctora Elisabeth Kubbler-Ross organiza seminarios para aprender a enfrentarse a la muerte y aceptarla sin miedo ni rechazo. Estos seminarios están especialmente dirigidos a personas que padecen enfermedades incurables y destinadas a morir muy pronto. «Busco en la muerte la vida, en lo cerrado salida...», escribía Miguel de Cervantes recordándonos el símbolo de la llave que se atribuye a Quirón. Otro tema que surgió fue el debate sobre la eutanasia, es decir, el derecho a morir dignamente y rodeados de las personas que amamos cuando una enfermedad grave e irreversible nos provoque tal dolor que nos resulte insoportable la vida; vemos como Quirón quería renunciar a su inmortalidad tras años de soportar el dolor que le provocaba su herida incurable y al fin Zeus se compadeció de él y le concedió el derecho a morir.

Desde el punto de vista astronómico, Quirón está situado entre la órbita de Saturno y la de Urano, siendo su órbita muy elíptica y errática.

Saturno es el último planeta de los llamados personales (pueden ser observados a simple vista, sin telescopio e influyen directamente sobre nuestra personalidad), y está relacionado con la conservación, la preservación y la estructura. Una vez pasados los límites de Saturno, nos encontramos en el ámbito del inconsciente colectivo (el depósito de las imágenes arquetípicas). Señala la transición de una fase de conciencia a otra. Urano representa la necesidad de liberarse de las estructuras impuestas por Saturno. Entre los dos, la comunicación es difícil de establecer. Saturno actúa como un muro que preserva al individuo del caos exterior, pero al mismo tiempo le impide tener acceso a lo desconocido. Quirón, cuyo símbolo recuerda a una llave, puede ser el vínculo que permita establecer un puente entre Saturno y Urano. Si representamos a Saturno como los muros de una casa con las puertas y las ventanas cerradas, y Urano al exterior de la casa, Quirón representa la llave que abre la puerta del muro permitiendo la interrelación del interior con el exterior.

El método de Urano sería romper el muro; Quirón nos permite realizar el contacto de una manera menos destructiva. Saturno, por otra parte, mantendría las puertas y ventanas cerradas. La misión de Quirón consiste en encontrar la cerradura de la manera más fácil posible, aunque a veces no puede evitar hacernos pasar por experiencias dolorosas. Dependerá de lo anclado que esté Saturno en las viejas estructuras y de su resistencia al cambio.

Algunos autores han relacionado a Quirón con la letra hebrea *Kaf* (la K), que significa «palma de la mano». Simbólicamente sería la mano capaz de abrir la puerta, la mano capaz de curar por magnetismo y la mano capaz de empuñar ora la espada, ora el bisturí. Es curioso observar que al mismo tiempo de su descubrimiento (final de los setenta) se han puesto de moda infinidad de métodos curativos relacionados con la mano (yuki, reiki, imposición de manos, quiroterapia, quiropráctica, etc.).

Era importante la venida de Quirón para poder traspasar el umbral de Saturno hacia la era de Acuario con el mínimo de caos. Sin duda por ello no ha sido descubierto hasta nuestra época.

Para comprender la manera de manifestarse de Quirón, nos fijamos en la excentricidad de su órbita. Los astrónomos mencionaron el hecho que Quirón parecía proceder de otro sistema solar y que algún día nos dejaría de nuevo, y lo definieron como *maverick*, cuya traducción sería «inconformista, fuera de la norma». En esto, Quirón difiere de Saturno y Urano; Saturno quiere conservar y preservar las tradiciones, mientras que Urano quiere destruirlas. Pero Quirón, el inconformista, no defiende lo establecido ni lo destruye, se aparta de ello. La parte de nuestra carta que esté influida por Quirón se caracterizará por una manera de ser propia. Se aparta del rebaño y no pretende cambiar la sociedad, pero no puede evitar influir en ella, ya que por su particular manera de vivir y de actuar, atrae seguidores.

En cuanto a su tamaño, es un cuerpo pequeño, por lo que su acción puede pasar desapercibida. Quirón representa el momento presente que se nos escapa continuamente. Entre Saturno el pasado y Urano el futuro, Quirón es el aquí y ahora, que inmediatamente se convierte en pasado.

Esto nos recuerda al símbolo de Jano: un perfil doble. Una cara vuelta hacia la izquierda: el pasado, y la otra cara hacia la derecha: el futuro. Un tercer rostro queda desapercibido, incluido en los dos perfiles y mirándonos de frente; es el presente, invisible.

Quirón tiene por símbolo una llave orientada hacia el futuro; su misión es conducirnos hacia él, voluntariamente o no, para que encontremos la revelación interior, la fraternidad auténtica y la liberación de nosotros mismos.

# V

# INTERPRETANDO A QUIRÓN

Quirón tiene una órbita muy irregular, por lo que la duración de su tránsito a través de los signos es muy variable, pudiendo oscilar de dos a ocho años. Otro factor importante a considerar es su posición respecto a Saturno y Urano.

Recordemos que cuando Quirón está muy alejado del Sol –afelio– cruza la órbita de Urano y se encuentra en el signo de Aries, donde se queda durante ocho años; cuando Quirón está más cerca de la Tierra –perihelio– cruza la órbita de Saturno y permanece en el signo de Libra durante dos años, lo que divide los signos en dos categorías:

De Aries a Libra, período en el cual Quirón transita desde el afelio hacia el perihelio, alejándose de Urano y acercándose a Saturno.

De Libra a Aries, período en el cual Quirón transita desde el perihelio hacia el afelio, acercándose a Urano.

Quirón estuvo en el afelio el 2 de junio de 1920 y el 7 de diciembre de 1970; en el perihelio el 16 de marzo de 1985; el 29 de agosto de 1945 y estará el 14 de febrero de 1996.

Del perihelio hacia el afelio, Quirón se aleja de Saturno dirigiéndose hacia Urano, dejando atrás los valores tradicionales y abriéndose a cambios, nuevos descubrimientos y avances científicos. Las personas nacidas en este período necesitan expandir su consciencia individual y lograr más libertad de acción, romper con los tabúes impuestos por Saturno no sólo para ellas mismas, sino también para abrir el camino a otros, impulsándolos a romper sus cadenas. Este período, que va desde 1945 hasta 1970, corresponde a la posguerra que condujo a la liberación de la mujer, a la liberación sexual y que culminó en las revoluciones de 1968.

Del afelio al perihelio Quirón se aleja de Urano y se dirige hacia Saturno, indicando la necesidad de volver a cierto orden y estructura para equilibrar la intensidad de la vibración uraniana. Es un momento más conservador, se revalorizan las tradiciones del pasado; surge la necesidad de tener una vida más estructurada, con normas de vida y de salud más fijas y con cierto enfoque en la introspección.

En este período que tuvo lugar entre 1920 y 1945, y luego desde 1970 hasta 1996, se puede observar un movimiento de retorno hacia los valores tradicionales y la autoridad; en el primer período pudimos asistir a la ascensión del nazismo, y en el segundo a un cambio frente al movimiento de los años sesenta, y una llamada hacia dirigentes más autoritarios que explica la ascensión al poder de personajes como Jomeini, Margaret Thatcher, R. Reagan, etc., y la importancia tomada por las sectas.

También tenemos que considerar el movimiento directo o retrógrado de Quirón. Directo, Quirón nos muestra a una persona que acepta esta parte de su personalidad desde su infancia. Retrógrado, demuestra una resistencia a lo significado por Quirón en su carta. La persona se siente diferente a los demás y no es capaz de asumirlo con la facilidad del individuo que posee a Quirón directo. Esta persona tratará de pasar desapercibida hasta que acepte su diferencia, que incluso puede llegar a desarrollar.

Aquí el astrólogo tendrá la delicada misión de conseguir que su consultante tome consciencia de la influencia subterránea de un Quirón retrógrado y de ayudarlo a reencontrar su unidad en la aceptación voluntaria de su diferencia.

# VI

# QUIRÓN EN LOS SIGNOS

Es bastante difícil interpretar a Quirón en los signos de manera individual, ya que, debido a su larga estancia en cada uno de ellos, su influencia tiende a expresarse más a un nivel generacional. Podemos intentar, sin embargo, dar unos significados orientativos acerca de su posición en cada signo del Zodíaco.

**ARIES.** Aquí, el punto sensible de la persona será la autoexpresión, la necesidad de probarse a sí misma y a los demás su individualidad y de valorar su punto de vista propio. El aprendizaje está relacionado aquí con el control de la agresividad y con una mayor comprensión y tolerancia de la agresividad ajena.

**TAURO.** En este signo el punto sensible de la persona se relaciona con la seguridad material, las posesiones, la comodidad, la acumulación y los valores. La lección a sacar en este signo reside en la manera de equilibrar el nivel adquisitivo dándole el justo valor; aquí se pueden desarrollar nuevas maneras de resolver la parte material de la vida que luego pueden ser útiles para los demás.

**GÉMINIS.** El punto clave es la comunicación y la mente. Quirón puede representar aquí puntos problemáticos que el individuo tiene que resolver a través de nuevas maneras de comunicar, mediante un entendimiento mayor de las diferentes formas de pensamiento. La persona puede tener un miedo profundo a ser incomprendida, lo que la lleva a aclarar su modo de pensar y de comunicar. Otro punto a resolver puede ser la relación con el entorno y los hermanos.

**CÁNCER.** El punto sensible es la seguridad; seguridad a través del núcleo familiar o del grupo, a través de la protección de uno mismo y de su familia o grupo.

La lección a aprender aquí se halla en el control de las emociones y el desapego al pasado. Son gente capaz de establecer un puente entre el pasado y el futuro, ayudando a los demás a asimilar las lecciones del pasado de una manera constructiva. Su papel en la vida puede consistir en buscar respuestas, en el pasado o en la tradición, a los planteamientos e interrogantes del futuro.

**LEO.** El punto sensible aquí es la valoración personal y la autoexpresión; la persona será muy sensible a la crítica y también muy susceptible. El individualismo puede causarle problemas. La lección a aprender aquí consistirá en aceptarse a sí mismo sin perder su propio respeto personal. Surgirá un gran poder creativo y también se desarrollarán facultades educativas.

**VIRGO.** El punto sensible es el perfeccionismo exagerado en los detalles, el sentimiento de inferioridad, y todo lo relacionado con el trabajo y la salud. En este signo, al cual muchos autores otorgan la regencia de Quirón, se potenciará la parte curativa del planeta. La persona puede ser muy sensible a la enfermedad y a través de su experiencia en este campo desarrollar un conocimiento interno que puede ser útil a los demás a nivel curativo.

**LIBRA.** El punto sensible está en la noción de lo que es justo, y en la capacidad de decisión. La persona valorará mucho a los demás con el consiguiente riesgo de ser manipulada. El aprendizaje de la relación justa y equilibrada con la otra persona será su mayor lección. En este signo de gentileza y seducción, el ser se verá atacado por Saturno, planeta exaltado en él. La relación con el otro es fuente permanente de conflicto hasta que el individuo consiga establecer un encuentro verdadero basado en lo esencial, aceptando la realidad tal cual es, sin idealizarla. La búsqueda del amor personal y de la belleza podrá ser transformada hacia el arte que tiene una acción reequilibrante para su personalidad o bien en una vocación humanitaria en la que puede satisfacer su necesidad de amor.

**ESCORPIO.** Aquí el punto clave reside en el poder y la capacidad de transformación de la persona, pero de una manera bastante distinta de la acción de Plutón; con Quirón no hay compulsividad, sino una sensibilidad sutil a estos niveles. Esas personas tienen un don para entrar en resonancia con la energía universal y el poder, y pueden estar tentadas de utilizarlo para la satisfacción egoísta de sus deseos; en realidad, tienen que aprender a transmutar esta fuerza de voluntad hacia metas impersonales, para el bien común, y a transmutar también su tendencia a la manipulación en ayuda constructiva. La energía sexual y el conocimiento oculto pueden ser fuentes de transformación del ser confiriéndole una fuerza que puede ser útil a la humanidad.

**SAGITARIO.** El punto sensible es la superación de los límites y la búsqueda de una filosofía personal; la lección consiste en entender el porqué de las creencias y facilitar esta comprensión a los demás rompiendo con el esquema tradicional de Sagitario, y buscando maneras distintas de enseñar y transmitir los conocimientos.

**CAPRICORNIO.** Aquí el énfasis está en la necesidad de encontrar estructuras y metas válidas para el propio conocimiento y desarrollo del ser. Se trata de una vía totalmente personal y solitaria. La persona debe aprender que, una vez encontrado el camino correcto, éste no es necesariamente válido para todos, y descubrir la tolerancia. De los fracasos, que son un punto doloroso, saldrán enseñanzas basadas en la experiencia. Al proceder la frustración del derrumbamiento de las ambiciones personales, lleva consigo el conocimiento de la humildad, virtud capricorniana; pero haciéndola bascular hacia la apertura uraniana que implica la renuncia a sí mismo en favor del otro, y orienta las responsabilidades a asumir hacia el beneficio de la comunidad humana (sociedad).

**ACUARIO.** Aquí el punto sensible es una individualidad exagerada y la necesidad de libertad. El individuo debe descubrir el auténtico significado de la palabra «libertad» a través de experiencias que pueden implicar muchas restricciones. La lección consiste en encontrar el sentido verdadero de la libertad y en ayudar a otros a conseguirla. Pero no a la manera explosiva de Urano, que siembra la revolución a su paso, ya que Quirón enseña por el dominio y el control aunque lo haga a su manera particular, que se aparta de los métodos corrientes. El individuo puede acceder de esta manera a la verdadera intuición y al conocimiento auténtico. Quirón en Acuario permite utilizar su llave, símbolo de unidad, para convertir en realidad su ideal de fraternidad, rescatándolo de la utopía.

**PISCIS.** Aquí el punto sensible es la emotividad y la apertura al mundo psíquico. La lección consistirá en la comprensión de lo que son el sacrificio y la compasión verdaderos. La persona debe ser capaz de transmitir a los demás el conocimiento del mundo psíquico, de compartir su percepción de la realidad de los mundos invisibles. Para conseguirlo, deberá superar su tendencia a perderse en espejismos y a evadirse de la realidad. Quirón proporciona al individuo las experiencias necesarias para provocarle un despertar a la realidad, haciéndole salir de su torpeza y su ensueño. Porque las dificultades citadas anteriormente son las trabas que se oponen a la realización de su verdadero destino ya que el papel de Piscis es dar ejemplo a través de su entrega.

Es evidente que esas características estarán más enfatizadas si el signo donde está ubicado Quirón está apoyado por otros factores, como por ejemplo, si el ascendente, o el mediocielo, o un planeta personal están situados allí.

# VII

# LA REGENCIA DE QUIRÓN

El reciente descubrimiento de Quirón plantea un problema a la hora de atribuirle una regencia.

No se ha establecido, hasta ahora, ninguna opinión fija respecto a este tema. Todo son, pues, conjeturas.

Se habla de Virgo, Escorpio y Sagitario como regencias de este nuevo planeta, dándonos cada autor sus argumentos para considerarlo regente de un signo.

El más evidente parece ser Virgo por su conexión con la medicina y la salud, y por la relación entre Mercurio, el regente tradicional de este signo y las manos.

Sagitario tiene asimismo una analogía con Quirón por el centauro que representa al signo, y también en razón de su orientación hacia la enseñanza.

Escorpio nos parece menos probable, pero con todo hay que tener en cuenta su relación con la muerte, ya que el centauro escogió la muerte como medio de liberación.

La falta de estudios no nos permite, pues, determinar con exactitud cuál es la regencia de Quirón. De nuevo, aquí nos hallamos ante una de sus características, acaso la más uraniana: su inaprensibilidad. Hemos de tener paciencia y la experiencia nos demostrará qué signo le corresponde realmente.

# VIII

# QUIRÓN EN LAS CASAS

La posición de Quirón en una Casa es sumamente reveladora: designa la lección que la persona tiene que aprender después de haber asimilado la de Saturno. Indica asimismo la solución inmediata que se puede encontrar en el momento mismo en que surge el problema, ayudándose para ello de la intuición uraniana. Por todo ello, la posición de Quirón en una Casa dada es representativa del poder de curación de uno mismo a todos los niveles, en el campo designado por la Casa y, al mismo tiempo, nos plantea la necesidad de búsqueda del propio camino de cada persona. Camino distinto que no es revolucionario al estilo uraniano, sino anticonformista, y trata de salirse de las normas y métodos establecidos por los demás. También aparece reflejada en la Casa designada una fuerte susceptibilidad, como el talón de Aquiles del individuo; en definitiva, es la herida del inconsciente que debemos curar y ser luego capaces de ayudar a otros. Seguimos ahora el recorrido de Quirón a través de las doce Casas del Zodíaco.

**CASA I.** Cuando Quirón se halla en la primera Casa, especialmente si está cerca del ascendente, su efecto será muy visible, ya que se manifiesta directamente a través de su personalidad (el ascendente representa la máscara que nos ponemos para actuar en el escenario social). Quirón se muestra incluso en el aspecto físico, poco corriente, apreciándose un tono doloroso en su expresión. No es un individuo que busque el reconocimiento, sino más bien el que lucha por pasar desapercibido, sin conseguirlo.

También indica una manera de ser muy personal y sin estructuras; la persona con esa posición de Quirón hará resaltar su individualidad y su forma peculiar de ser. Es el solitario que abre caminos y puertas, con una mirada volcada hacia el futuro. El punto más sensible del nativo es él mismo, su ego; puede ser considerado por la gente como «diferente» por su forma de ser y actuar en general, que es muy especial; y esa misma diferencia le impulsará a buscar caminos distintos de los establecidos. No es una persona que quiere cambiar el mundo, sino aquella que busca enfocar su vida en otra dirección. Suelen encontrarse maestros y terapeutas con esa posición de Quirón.

**CASA II.** En esta Casa, que se refiere a adquisiciones, posesiones, dinero y recursos materiales o espirituales, Quirón plantea a la persona la necesidad de abandonar los valores tradicionales respecto a estos temas y la obliga a buscar su propia individualidad a través de lo que significan para ella. Desarrollará nuevas maneras y técnicas de ganarse la vida, y poseerá un ingenio poco habitual en este terreno. Esa búsqueda puede surgir de una inseguridad inicial, pero luego se transformará en una vía de enseñanza o ayuda económica para los demás. También puede indicar una nueva orientación en la vida de una persona después de haber sufrido un colapso económico.

**CASA III.** La persona con esta posición de Quirón ha podido sentirse rechazada por su entorno o hermanos en cuanto a sus facultades intelectuales porque su manera de pensar o mirar las cosas no tenía nada que ver con los esquemas habituales. Así podrá desarrollar un enfoque bastante único a nivel comunicativo y mental. Su objetivo, sin embargo, es llegar a ser comprendido por los demás, por lo que desarrollará un talento muy especial en el campo de la comunicación, o a través de la escritura o la oratoria. Sus ideas tendrán una connotación liberal y demostrarán una gran apertura hacia ideas nuevas. Sus escritos o charlas podrán ser relacionados con la difusión de nuevas técnicas curativas. También podrán orientar su mente hacia el control de la enfermedad ayudándose de visualización positiva, de técnicas de grupo y en general de métodos relacionados con el poder de la mente y la ayuda de la comunicación.

**CASA IV.** La Casa IV, al ser angular, adquiere más importancia y revela la necesidad de integración del individuo con sus raíces, su familia, su grupo. Podemos encontrar casos en los cuales la persona ha sentido un rechazo familiar durante la infancia, lo que ha creado una hipersensibilidad respecto a su sentimiento de soledad: al sentirse distinta del grupo, buscará nuevas formas de relacionarse con él. En su búsqueda de aceptación tribal, puede aportar su enfoque original en beneficio del crecimiento y conservación del grupo. Puede representar el eslabón entre la idea conservadora y estructurada de la célula familiar y un ideal comunitario, encontrando formas únicas y originales de compaginar ambos extremos.

Como la Casa IV representa también la etapa final de la vida, en este período puede despertar su interés por la medicina, la salud u otras formas de curación y enseñanza.

**CASA V.** En esta Casa, la persona hará resaltar la necesidad de expresarse de manera muy particular. Las pruebas estarán ligadas a los amores, los hijos y la creatividad, hasta el momento en que acepte su diferencia y busque una forma propia de vivir el amor, la relación con los niños y de desarrollar su potencial creativo. Podemos encontrar artistas con un talento único que les sobrevivirá. También personas que se dedican a la enseñanza, pero no de la forma convencional. Serán educadores, impulsores para los jóvenes y descubridores de nuevos patrones pedagógicos;

también pueden desarrollar una faceta artística de tal forma que sea al mismo tiempo fuente de enseñanza, por ejemplo a través del cine, de la televisión o de juegos educativos.

Superando sus problemas, encontrarán la forma de transmitir el conocimiento adquirido y convertirlo en algo útil. Por ejemplo, un exdrogadicto que puede ayudar a otros drogadictos a superar su problema.

**CASA VI.** Aquí es posible que coincida con alguna limitación física, algún problema de salud, que impulsa a la persona a desarrollar su sensibilidad a través del dolor provocado por su tara, abriéndola al sufrimiento ajeno. Si está enferma, no le funcionarán los métodos de curación tradicionales, tendrá que recurrir a la ayuda de terapeutas, curanderos o ayudarse con una disciplina personal como una dieta, el yoga, etc.

También encontramos esta posición en la carta quienes se ocupan de medicinas alternativas como la acupuntura, homeopatía, masajes, fitoterapia, etc. También puede encontrarse gente muy perfeccionista que desarrollará métodos originales en su cotidianidad; destaca la habilidad con las manos (por ejemplo, artesanía).

**CASA VII.** El problema de la persona con esa posición de Quirón está relacionado con la pareja y la relación con el otro. Será muy sensible al rechazo por parte de los demás, y la herida puede proceder de una ruptura con la pareja o de una relación de tipo complementario. La cooperación con los demás resulta difícil hasta que se transforme en un tipo de relación especial creada por la persona misma. Tiene que encontrar sus propios medios de relacionarse, lo que puede desembocar en un encuentro con un maestro o gurú que será el vehículo de transformación personal.

Su particular y original manera de relacionarse impacta a los demás, lo que lo convierte fácilmente en un personaje público que ejerce un magnetismo especial sobre la gente.

**CASA VIII.** En esta Casa la herida se sitúa en el terreno sexual u oculto; también puede ser relacionada con el impacto producido por la muerte de un ser querido. La prueba a superar es la aceptación del cambio, de la muerte y de su naturaleza instintiva. En esta Casa de la muerte, Quirón puede privarnos de la presencia de seres queridos y la prueba a superar es la aceptación del cambio y de la transformación. El nativo se sumerge en una noche profunda y dolorosa antes de adquirir la paz de la renuncia; pero el mismo Quirón que ha infligido la herida aportará la protección necesaria para curarla devolviendo al nativo la alegría de vivir, ayudándole a aceptar su propia metamorfosis. El cuerpo de deseos está muy desarrollado y puede ser la fuente de transformación personal, ya que estas personas conectan fácilmente con la naturaleza y sus poderes ocultos. Lo aprendido en este campo se puede transmitir luego a la gente. Los cambios pueden conducir a una apertura hacia un universo más trascendente, no percibido hasta ahora. La conexión con niveles más sutiles y profundos de la experiencia puede desembocar en el estudio del inconsciente colectivo y conducir a profesionales como el psicoanálisis con el uso de técnicas como el renacimiento, el grito primal, etc.

**CASA IX.** Estamos aquí en el terreno de la mente superior y de los viajes lejanos, todo lo que nos impulsa a trascender nuestros límites; hay un paralelismo entre Quirón en esta Casa y el papel del filósofo, el astrólogo y el maestro/sacerdote. La persona con esa posición de Quirón se verá obligada a considerar estos temas como parte integrante de su vida. Sentirá la necesidad de profundizar en el conocimiento de la filosofía y de crear su sistema de creencias propio. La mente de la persona es inconformista y sus ideas abiertas y progresistas. La herida está relacionada aquí con las creencias y los sistemas de valores. La persona posee una inquietud interna que la impulsa a buscar sistemas de valores que la satisfagan, y que una vez desarrollados podrán ser enseñados a los demás.

**CASA X.** En esta Casa de realización pública la posición de Quirón otorga un gran valor a la profesión, y por esta razón encontramos muchos terapeutas, médicos y curanderos con esta posición. La persona sufre un rechazo en la infancia que repercute más tarde en su imagen social. Esta persona necesita probarse a sí misma frente a la sociedad y lo hará a través de una profesión relacionada con los temas preferidos de Quirón (la medicina, la enseñanza, la astrología, etc.). En cualquier caso, incluso si el individuo tiene otra profesión, la desarrollará a su manera, de un modo muy particular, y se destacará creando nuevos métodos de trabajo y de organización.

**CASA XI.** Aquí, el punto sensible tiene que ver con una dimensión socio-colectiva y con las relaciones de amistad. Puede existir un miedo al rechazo en este terreno, lo que impulsa a la persona a participar de manera intensa en sus relaciones de amistad. y también a formar parte de grupos que pueden tener una acción a nivel social o cultural. Después de haber sufrido desilusiones en sus ideales o en sus amistades, estas personas pueden o bien tomar una posición un poco revolucionaria, o bien llegar a un entendimiento mejor de sí mismas y sensibilizarse al dolor en su dimensión social, y participar en instituciones relacionadas con la curación, terapias de grupo, o transformarse en impulsores de grupos reunidos alrededor de una meta o ideal común, utilizando formas innovadoras surgidas de su experiencia personal.

**CASA XII.** En esta Casa, relacionada con la vida psíquica, Quirón hace vibrar a la persona con la mente colectiva y le da la posibilidad de entrar en resonancia con los demás seres a niveles muy sutiles. La prueba aquí es muy difícil de entender para la persona, ya que actúa a un nivel inconsciente. Existe una insatisfacción e inquietud espiritual que la empuja a buscar respuesta a sus ansiedades. La sensibilidad psíquica es tal, que es importante desarrollar la parte curativa de Quirón en beneficio de uno mismo y del entorno. El aprendizaje de técnicas como la meditación o el yoga puede serle muy útil al individuo que descubre y conecta con sus niveles más sutiles, abriéndolo a un tipo de curación más relacionado con el cuerpo sutil o espiritual que con el físico (imposición de manos, terapeutas, interpretación de sueños, etc.).

El individuo necesita que sus traumas más profundos afloren a su consciente, y durante este proceso, conectarse con su potencial de sabiduría y su ser superior, que finalmente le harán comprender el porqué de sus insatisfacciones y cómo superarlas. El conocimiento adquirido servirá luego de ayuda a los demás.

# IX

# ASPECTOS DE QUIRÓN

Quirón es un planeta muy pequeño, pero su influencia sobre los planetas que aspecta es importante. Más que positiva o negativa, su influencia actúa dando un giro al significado del planeta aspectado; dicho planeta no podrá manifestarse a través de los esquemas tradicionales, sino que deberá buscar un canal de expresión propio y diferente.

Algunos autores conceden a Quirón un orbe muy pequeño, entre 3° y 5° (para el Sol y la Luna 5°); nosotros consideramos que su influencia puede sentirse incluso con un orbe mayor, especialmente si está incluido en una configuración como la cuadratura en T o un gran cuadrado.

## ASPECTOS ENTRE QUIRÓN Y EL SOL

El Sol representa la vitalidad de la persona, voluntad, su necesidad de autoexpresión y de autorrealización. Es la parte consciente del individuo. Todo contacto entre el Sol y Quirón hará que la persona se sienta diferente a su entorno; implicará la necesidad de hacer consciente una forma diferente de expresarse, de acentuar su individualidad.

### Quirón en conjunción con el Sol

Transforma la persona en un ser original, innovador y capaz de convertirse en líder, ya que posee la seguridad necesaria para dirigir a otros. Pero como no encaja en las estructuras ni en las normas, puede despertar controversias respecto a sus ideas y formas de ser; no pasa nunca desapercibido, sea cual sea la reacción. No soporta las restricciones ni los obstáculos en su camino y posee una gran habilidad para descubrir lo que es invisible a los ojos de los demás en cuanto a aportar elementos nuevos. Se preocupa por los problemas ajenos a pesar de no de mostrarlo.

### Quirón sextil o trígono al Sol

La persona posee la capacidad de hacer uso de sus talentos personales para conseguir metas no accesibles a otros, yendo más allá de los límites convencionales. Desde muy joven tiene la sensación de poseer una individualidad desarrollada y de saber lo que quiere hacer de su vida; a menudo es poseedor de una creatividad innata.

### Quirón en cuadratura u oposición al Sol

Estos aspectos tienden a romper el equilibrio de la persona que ya no está muy segura de quién es o a dónde va, pero que posee la insatisfacción suficiente como para preocuparse por estas cuestiones. No le gusta el mundo como es, pero tampoco se mueve para cambiarlo. Obligará a la persona a restablecer su equilibrio, y una vez conseguido éste, podrá realizar su deseo de hacer algo positivo por el mundo, como enseñar, investigar, abrir nuevos caminos, aceptando los cambios necesarios. La oposición acentúa el lado combativo de la persona.

## ASPECTOS DE QUIRÓN CON LA LUNA

La Luna representa el inconsciente, la cotidianidad, la madre y la naturaleza instintiva; en aspecto con Quirón afectará a la adaptación al entorno y al sentido de la cotidianidad; hará reaccionar de manera distinta, lo que puede ser fuente de ansiedades. Afecta también la noción de seguridad y la persona con este aspecto, se debatirá entre la conformidad y el cambio. Por tratarse de la Luna, que actúa a menudo de forma inconsciente, la persona podrá ignorar las causas de su insatisfacción e inseguridad. En cambio, podrá entrar en resonancia con los sentimientos y las emociones de los demás, comprendiéndolos y utilizándolos y convirtiéndose en manipulador, o si no, encontrará su seguridad ayudando a otros y mejorando su vida de alguna manera.

## Quirón en conjunción con la Luna

Esas personas son muy sensibles y susceptibles a las vibraciones del entorno. La madre pudo tener una personalidad fuera de lo común, y un interés por la salud y la curación, y transmitirlo al hijo dándole un conocimiento instintivo de cómo ayudar a otros. El hogar y sentido de la familia de una persona con este aspecto no será nada convencional.·

## Quirón sextil o trígono a la Luna

Acentúa la sensibilidad para percibir los puntos débiles de los demás; según el nivel de evolución del ser, lo utilizará en beneficio propio o para ayudar a los demás. La persona posee la facultad de ver dónde existe un problema y la capacidad de solucionarlo con métodos simples. Tiene facilidad para encontrar las claves para vivir de manera más sensible, utilizando su potencial emocional para comunicarse con la gente y ayudarla a integrar su parte emocional.

## Quirón en cuadratura u oposición a la Luna

Aquí la persona tiende a dejarse desbordar por su emotividad haciéndole perder el control de sus reacciones; lo cual le crea problemas con su entorno. Sus reacciones emocionales son excesivas y tiene que encontrar el medio de equilibrarlas. Cuando llegue a integrar este aspecto, podrá desarrollar una increíble creatividad por su capacidad para experimentar sentimientos y humores distintos. La relación con la madre es a menudo dolorosa, lo que le hará crear un sistema de defensas relacionado con sus sentimientos. Tiene que aprender a ser más adaptable y a desconfiar de sus reacciones a nivel emotivo.

## ASPECTOS DE QUIRÓN CON MERCURIO

Un aspecto con Mercurio tiene siempre que ver con la comunicación. Puede tratarse, por ejemplo, de un obstáculo que debe superarse; el pensamiento y la palabra aparecen como clases en estos aspectos. Existe una mente original que se manifiesta con cualquier aspecto de Quirón y Mercurio. Estas personas suelen ser capaces de comunicarse con gente de muy distinto nivel, en sus mismos términos. Esta relación Quirón-Mercurio equilibra también el hemisferio derecho e izquierdo del cerebro y despierta y aviva los niveles más profundos de la mente. El nativo podrá contar con una gran intuición si confía en su potencial.

### Quirón en conjunción con Mercurio

Este aspecto dará a la persona una mente muy lógica, cuyo proceso de pensamiento difiere de los demás. Se expresará de tal forma que sus ideas se transmitirán fácilmente, a través de la palabra o de la escritura. También son hábiles en la comunicación no verbal. Son pensadores originales y sus ideas no pasan desapercibidas, provocando reacciones positivas o negativas en su entorno. Poseen facilidad para ayudar a los demás a través de la palabra o sus escritos.

### Quirón en sextil o trígono a Mercurio

Da una mente muy positiva y gran sentido del humor; también mucha facilidad para expresarse y una mente muy activa. Son personas muy curiosas por todo y quieren saber acerca de todos los temas. Su sed de conocimiento es inagotable, lo cual les facilita los roles de maestros, actores e investigadores. También les hace aceptar a los demás sin prejuicios (y si no lo hacen tendrán que aprenderlo) y los vuelve capaces de ayudar a los demás a reconocerse a sí mismos como son y a aceptarse.

### Quirón en cuadratura u oposición a Mercurio

Agudiza la mente y la inteligencia; esas personas son muy originales en su forma de pensar y defienden enérgicamente sus puntos de vista, por lo que se crean enemigos fácilmente. La curiosidad es a veces excesiva. Tienen que aprender a enfrentar cada problema sin ideas preconcebidas, encontrando su propio modo de resolverlo.

## ASPECTOS DE QUIRÓN CON VENUS

Venus simboliza la necesidad de expresar y recibir afecto, es el deseo de paz y de armonía. Rige toda actividad relacionada con el arte y la belleza, y como regente de Tauro y de la segunda Casa, también se relaciona con la realidad material y los sistemas de valores. Relacionada con Quirón, nos pone en contacto con nuestro propio sentido de la armonía y sistema de valores, apareciendo la necesidad de encontrar nuestro propio camino en estos campos, sea debido a una prueba o a una insatisfacción personal.

### Quirón en conjunción con Venus

El amor surge de manera espontánea y se convierte en una fuente de curación para la persona que posee este aspecto y luego para los demás. El idealismo es muy fuerte y la persona se centra en el amor, lo que conlleva el peligro de la herida y del consiguiente dolor. Marca la búsqueda de un sentido de la belleza y de la armonía muy personal. La persona tiene que aprender que el mundo no es como lo imagina, pero ha de seguir con su capacidad de amor. En su búsqueda, la persona puede alejarse de los valores de la sociedad y tratar de encontrar los suyos propios.

## Quirón en sextil o trígono con Venus

Da popularidad a la persona que suele poseer algún talento en un campo artístico, pero en razón de la pasividad de Venus, el aspecto tiene que ser estimulado por otros puntos de la carta. Da una personalidad muy cariñosa y preocupada por los demás, lo que le da talento en el campo educativo con niños, o con preocupaciones más enfocadas hacia valores estéticos y colectivos de la sociedad. A pesar de tener un esquema de valores personal, no supone un conflicto con la sociedad.

## Quirón en cuadratura u oposición a Venus

Aquí surge un conflicto acerca de la propia aceptación de la parte femenina o anima, especialmente a nivel sexual. Da una gran vulnerabilidad a nivel afectivo que puede ser canalizada a través de una expresión artística que se manifestará en un estilo único cuya principal característica será extraer la belleza de lo que la sociedad considera sin valor artístico.

A nivel sexual es un aspecto más difícil para un hombre (especialmente la cuadratura), que acentúa el desequilibrio cara a su identidad sexual. Puede manifestarse en su comportamiento de dos maneras opuestas, yendo del «machista» al homosexual, teniendo además los dos dificultades en sus relaciones. La solución de este aspecto se halla en su sensibilidad única con la estética.

## ASPECTOS DE QUIRÓN CON MARTE

Marte representa la afirmación de uno mismo, su energía, su combatividad; asociado a Quirón da un gran potencial para superar obstáculos. No hay que olvidarse de la parte guerrera y heroica de Quirón. La persona con aspectos entre estos dos planetas sentirá atracción hacia la conquista de metas difíciles que requieren mucho esfuerzo personal; la sexualidad será también un punto clave (la parte masculina o *animus* toma importancia), focalizándose a nivel colectivo como, por ejemplo, en grupos feministas que reivindican sus derechos, u homosexuales que quieren ser reconocidos como tales.

## Quirón en conjunción con Marte

Acentúa el individualismo de la persona, la cual difícilmente acepta los consejos de los demás. Su manera de actuar es muy particular y directa. Se enfrenta a los problemas cara a cara y resuelve cualquier situación que le plantea la vida con rapidez y decisión. Su sentido de supervivencia es muy acusado. Todo este potencial puede ser utilizado a favor de los demás, ayudándoles a encontrar la clave que solucionará sus conflictos.

Tiene que llegar a ser el «guerrero impecable» del cual nos habla Castaneda.

## Quirón sextil o trígono con Marte

Da el talento para utilizar la energía marciana como herramienta (pudiendo desembocar en un don para la cirugía, la escultura, el grabado y también la política). Ningún proyecto o empresa le parece imposible a la persona, pero pueden surgir pruebas a este nivel que la obliguen a tomar consciencia de sus limitaciones probando su capacidad para tomar iniciativas. Pueden surgir pruebas que la empujen a encontrar soluciones diferentes que los demás no consideraban y que resultarán más adecuadas.

## Quirón en cuadratura u oposición a Marte

En el momento de su descubrimiento, existía una cuadratura entre Quirón y Marte, lo que da una importancia especial a este aspecto, indicando, quizás, el problema al cual la humanidad tendrá que enfrentarse en un futuro inmediato o también que la persona tiene que aprender la adaptabilidad, no puede ser rutinaria en su manera de actuar, sino que debe encontrar la manera adecuada para cada momento y situación, para no caer en un desequilibrio. Este aspecto está relacionado con estrés, hiperactividad, que si no llegan a ser canalizados pueden degenerar en enfermedades. La oposición es más fácil, ya que implica cierta objetividad frente a la acción tomada, pero parece acentuar el lado combativo del aspecto.

## ASPECTOS ENTRE QUIRÓN Y JÚPITER

Júpiter y Quirón tienen mucho en común, y su relación potencia la parte de Quirón relacionada con el estudio y la sabiduría e indica cómo la persona transmitirá lo aprendido a los demás. La persona poseedora de tal aspecto tendrá medios de enseñanza originales y creencias surgidas de su experiencia que impactarán a los demás.

### Quirón en conjunción con Júpiter

Estas personas tienen un fuerte deseo de aprender, pero les cuesta ajustarse a cualquier estructura impuesta, por lo que suelen ser autodidactas. Su percepción de la realidad es tal que encuentran significados especiales en todos los acontecimientos y saben transmitirlo de tal forma que pueden ayudar a los demás a encontrar sentido a su vida a través de sus observaciones. Su sistema de creencias es bastante concreto.

### Quirón sextil o trígono con Júpiter

Este aspecto suele dar claridad para percibir a los demás en profundidad y para comprender lo que está ocurriendo en una situación dada. Puede dar a la persona la capacidad de manipular en el sentido negativo, y en el positivo, la de ayudar a los demás, utilizando esta facultad intuitiva para guiarlos en cada situación.

### Quirón en cuadratura u oposición a Júpiter

Hay aquí una tendencia a fijar las creencias basándose en las necesidades propias de la persona y no en sus ideales. Pueden ocurrir acontecimientos que destruyan la validez de todo su sistema de valores y que la obliguen a salir de su estado de comodidad y conformismo. Si la persona consigue superar esa fase inicial, tendrá una gran habilidad para percibir lo que escapa a la mayoría, pero tiene que desconfiar de su tendencia a buscar siempre la diferencia por la diferencia y de su dogmatismo.


## ASPECTOS ENTRE QUIRÓN Y SATURNO

Saturno representa cómo uno busca establecerse y preservarse a través de esfuerzos y dificultades; es el «Señor del umbral», el guardián de las llaves, a través del cual podremos encontrar la libertad mediante la comprensión de nosotros mismos. Saturno es el padre mitológico de Quirón, y los aspectos entre ambos planetas son muy importantes y representan a la vez las lecciones a sacar de nuestras propias limitaciones y el potencial de superarlas.

Una de las manifestaciones de estos aspectos puede relacionarse con la imagen paterna que luego lleva a conflicto con la autoridad y todo lo que la representa (esto especialmente en los aspectos inarmónicos). En todos los casos hay una dificultad en la relación con uno de los padres que se presenta a la persona como la primera fuente de limitaciones que debe superar. Como estos aspectos ocurren en un margen de tiempo bastante largo, son realmente efectivos para la persona si posee un Saturno importante en su carta.

### Quirón en conjunción con Saturno

Podemos encontrar a personas con un fuerte conflicto con el padre, o viviendo una situación diferente a los demás a nivel familiar. Una vez superado el problema, indica que será capaz de construir su propia realidad si es necesario. Y no se dejará encerrar por los límites de su pasado.

### Quirón sextil o trígono con Saturno

Aquí la imagen paterna se tambalea, ya que no se puede considerar como un punto de apoyo o una base estable. La persona crecerá con una inseguridad que la hará buscar gente que pueda reemplazar esa imagen. Así que puede buscar a un maestro o un líder religioso o político que le servirá de modelo.

### Quirón en cuadratura u oposición a Saturno

Acentúa las dificultades en la relación con los padres. Provoca un descontento en el individuo y una dificultad para relacionarse con la autoridad. El miedo al rechazo social es fuerte y la persona puede sentirse perseguida. La necesidad de sentirse aceptado le puede hacer establecer rutinas en su vida para protegerse, pero éstas serán derrumbadas y la persona se sentirá desprotegida una vez más.

La clave para superar este aspecto yace en la aceptación del miedo y de la inseguridad buscando la ayuda de alguien (que puede ser un psicólogo o terapeuta) que restablezca su confianza y su seguridad en sí misma.

Una vez pasados los límites de Saturno, nos encontramos en el ámbito del inconsciente colectivo (depósito de imágenes arquetípicas). Las necesidades simbolizadas por los tres planetas exteriores son raras veces accesibles a la consciencia del individuo, ya que señalan la transición de una fase de la consciencia a otra.

Quirón, que se encuentra entre Saturno y Urano, ya está libre de las ataduras de Saturno (el tiempo, la realidad), pero no está en el futuro uraniano. Quirón nos hace descubrir otra noción del tiempo: el momento inmediato, el aquí y ahora, liberándonos de los anillos del pasado o del futuro, sin prejuicios ni expectaciones. Quirón nos puede ayudar de esta manera a integrar el efecto de los planetas transaturnianos en nuestra psique.

## QUIRÓN EN ASPECTO CON URANO

Urano personifica en una carta individual la necesidad inherente a la *psique* de liberarse de la identificación con el mundo material y de vivenciar el mundo de la mente arquetípica. La libertad de identificación con una determinada experiencia es válida para cualquier cosa. Hace surgir la necesidad de modificar la comprensión que tenemos de nosotros mismos, y también de introducir cambios, si resultan necesarios, en todas las áreas de nuestra vida que los necesiten.

Los aspectos de Quirón van a actuar como amplificadores de los rasgos uranianos de la persona, acentuando la individualidad, la excentricidad. La persona necesitará sentirse como una entidad separada de los demás y conocer en qué aspectos es un ser único. Dará personalidades experimentadoras, que buscan siempre situaciones que pongan a prueba su noción de la individualidad y de la diferencia. Durante los períodos en los cuales se dan estos aspectos, se aceleran los descubrimientos científicos que, especialmente con los aspectos disonantes, tienden a no integrarse en la mentalidad de la gente con facilidad. Acentúa la necesidad de independencia de la persona, lo cual le dará problemas en sus relaciones, ya que necesita espacio, lo que no puede ser comprendido por los demás que lo interpretan como un rechazo.

Estos aspectos son más evidentes a nivel generacional que personal, a menos que sean reforzados por otros puntos de la carta, o que Urano esté en una posición clave.


## QUIRÓN EN ASPECTO CON NEPTUNO

Neptuno representa nuestro deseo de fundirnos en el mar de sentimientos colectivos, ofreciendo nuestra individualidad para purificarnos en la disolución. Neptuno simboliza el impulso al sacrificio del yo personal a favor de algo colectivo (que puede ser positivo o negativo).

En aspecto con Quirón remarcará la necesidad de involucrarse con los problemas de los demás y la habilidad para influir sobre masas de gente. Dependiendo del desarrollo espiritual, las cualidades de Quirón pueden ser distorsionadas y llevar a engaños y errores; también puede presentarse el problema de la evasión a través de las drogas o del alcohol. De manera positiva, se potenciará la sensibilidad hacia los demás, lo que dará a la persona un carisma muy especial que se puede transformar en un poder curativo y espiritual para el desarrollo de los demás. Abre la persona al campo de la percepción neptuniana: la imaginación, el mundo de los sueños y las realidades de los mundos invisibles.

## QUIRÓN EN ASPECTO CON PLUTÓN

Plutón es el planeta que simboliza la necesidad de transformación de la persona; lo quiera o no, el individuo debe crecer, incluso si el crecimiento comporta un período de muerte, de gestación y nacimiento. También se relaciona con la sexualidad, en el sentido de que el acto sexual significa la muerte del sentimiento de separación individual en la vivencia del otro; representa el poder inherente a cada uno, poder generado por la parte instintiva más primitiva, que puede destruir el ser pero también transformarlo.

En relación con Quirón, pone a la persona en contacto con la fuente de su poder personal, con el potencial para percibir el camino para transformarse a sí mismo y a los demás, encontrando medios de curación y eliminando lo viejo e innecesario para dar paso a lo nuevo y regenerado. Para una persona menos evolucionada, este conocimiento y poder será utilizado para manipular gente en beneficio propio.

Dará un interés y una comprensión muy profundos de todo lo relacionado con la muerte. Este conocimiento podrá ser transmitido a los demás y podrá guiarlos para superar el miedo que la idea de la muerte provoca.

# X

# EL RETORNO DE QUIRÓN

El retorno por tránsito de Quirón al mismo lugar en el que estaba en el momento del nacimiento del individuo se produce pasados alrededor de unos cincuenta años (el ciclo de Quirón puede oscilar entre 46 y 52 años). Este tránsito es comparable en importancia al retorno de Saturno que ocurre generalmente dos veces en la vida de una persona: 29-30 años y 59-60 años. De cómo se supere el retorno de Quirón dependerá la manera en la cual integraremos el segundo retorno de Saturno: como una culminación de nuestra vida o como nuestro declive.

En este esquema de Bárbara Hand Clow, podemos observar cómo la energía se mueve en espiral en los cuatro planos. Demuestra también cómo la vibración de los distintos cuerpos se acelera a medida que subimos desde el plano físico hasta el retorno de Saturno, que provoca una crisis en este plano (físico) y que se manifiesta por un cambio de trabajo, o de relación, etc., y que nos va a propulsar en el nivel astral o emocional.

Luego, al acercarse Urano de la oposición a su posición natal, surge una energía eléctrica que desemboca en una crisis emocional, llamada crisis de la mediana edad (entre 40/43 años).

El retorno de Quirón a los 50 años intensifica nuestra vibración provocando esta vez una crisis mental, una crisis de significado. El propósito de nuestro desarrollo espiritual es llegar a vibrar en una frecuencia cada vez más alta, a medida que maduramos, y pasar por las puertas que representan los grandes tránsitos con la mayor fuerza posible.

Estos tránsitos son críticos porque poseemos una gran fuerza vital *(Eros)* en estos momentos; si no seguimos con esta energía, podemos caer en un proceso de destrucción y muerte *(Thanatos)*. Así, algunas personas empiezan a morir (simbólicamente o no) a los 30, a los 40 y algunos hacia los 50 años, mientras otras vibran con una intensidad cada vez mayor. Si resistimos al momento de estos tránsitos, no evolucionamos en la espiral ascendiente que tiene que conducirnos hacia la iluminación.

Si consideramos un poco la numerología, podemos observar que tanto los ciclos de Saturno, Urano como el de Quirón tienen una relación con el número 7. Este número es el de la realización del hombre, simbolizado por la estrella de Salomón, compuesta por la reunión de los centros de dos triángulos perfectos, equiláteros, uno espiritual, otro material.

El ciclo de Saturno es de 28 años, o sea 4 x 7 = 28.

El ciclo de Urano es de 84 años, o sea 12 x 7 = 84.

El ciclo de Quirón es de 49 años aproximadamente, o sea 7 x 7 = 49.

El retorno de Quirón ocurre generalmente una sola vez en la vida y marca un período de tiempo que comprende unos años antes y unos años después del momento astrológico exacto del evento, en el cual importantes cambios marcan al individuo. Estos cambios pueden ser internos, externos o de ambos tipos. La fuerza del retorno será proporcionada a la fuerza de Quirón en la carta astral, por posición y por aspectos, y pondrá en primer plano de nuestra vida la experiencia que marca Quirón en la carta astral.

Desde nuestro nacimiento hasta el momento del retorno por tránsito a su posición natal, Quirón ha pasado por todos los signos, las Casas, y ha aspectado a todos los planetas de todas las formas posibles. Es decir, nos ha dado la posibilidad de enfrentarnos con numerosas lecciones y extraer de ellas el conocimiento necesario para nuestra evolución. En el momento de su retorno, la persona tiene que enfrentarse a la manera en la cual ha integrado en su vida todas estas experiencias, y dependiendo de ello se encontrará en un momento de plenitud personal o de fuerte crisis e inseguridad que puede manifestarse bajo la forma de una grave enfermedad o el abandono de seres queridos.

Entre Saturno –el pasado– y Urano –el futuro–, Quirón, que simboliza el momento presente, nos hace salir del tiempo cronológico. Lo quiera o no, la persona está forzada a vivir, aunque sea sólo por un instante, experiencias del aquí y ahora que la introducen de manera muy intensa en la vivencia del presente, y cuando la persona aprende a vivir en el presente, la noción de edad pierde todo significado. Ésta sería la lección más importante que la persona podría aprender del retorno de Quirón.

El retorno de Quirón plantea a la persona la necesidad de tomar una decisión respecto a cómo va a utilizar la sabiduría y experiencia que le ha aportado Quirón. Podrá utilizarlas de manera egoísta, para sí misma o bien para ayudar a otros que estén pasando por los problemas que ella ha superado, o bien podrá ignorarlas.

Es un momento de gran poder, y la Casa ocupada por Quirón muestra el campo en el que puede manifestarse y abre la puerta de nuestro destino específico.

El retornó de Quirón puede ser visto como un renacimiento que nos libera de la tensión latente en nuestro subconsciente provocada por las proyecciones de los padres y del ambiente de nuestro nacimiento.

# XI

# QUIRÓN EN LOS HORÓSCOPOS DE RELACIÓN

Cuando queremos analizar la relación entre dos personas, podemos hacer un nuevo horóscopo calculando los puntos medios de los planetas de cada uno y situando el planeta en este mismo punto. Por ejemplo, el Sol de la carta de relación se encontrará en el punto medio de los dos Soles individuales. Los ascendentes y las Casas se calcularán de la misma manera.

La posición en la Casa del Quirón de relación representa un campo de la vida donde las dos personas tienen mucho en común. Representa también un punto de liberación de las tensiones acumuladas entre ellos; otra vez nos encontramos con las dos facetas de Quirón: la herida y su curación.

Los aspectos formados entre los planetas y Quirón en una carta de relación representan lo que está cambiando y renovándose, abriendo posibilidades de desarrollo personal aportados por la relación. Estos mismos aspectos pueden provocar rupturas si las personas se niegan a considerar la posibilidad de cambio que Quirón les plantea. Los aspectos conflictivos son los que estarán más involucrados en esta necesidad de cambio. No olvidemos que los aspectos de Quirón representan también un punto de la relación que difiere de la norma.

# XII

# ESTUDIO DE QUIRÓN EN LAS CARTAS ASTRALES DE PERSONAJES FAMOSOS

**GANDHI**

La vida de Gandhi, famoso filósofo y político indio, ha sido muy difundida, ya que es de tipo ejemplar y contiene al mismo tiempo el heroísmo y el sentido mítico de la epopeya, redescubierto en pleno siglo xx.

Gandhi, que en principio trabajaba como abogado, se convirtió en el apóstol de la no-violencia activa, hasta el punto que en India le llamaban «el Mahatma», título que significa «la gran Alma».

Defensor de una visión igualitaria, moría asesinado por un fanático en 1948, a la edad de 79 años.

En este capítulo estudiamos su tema sólo en función de Quirón: su posición por signo y sus aspectos. No obstante, antes de introducirnos en el tema, consideramos necesario resaltar la presencia del Sol en Libra en la Casa XII, formando parte de un gran trígono con la Luna y Neptuno.

Estos factores ya nos muestran a un hombre que ama la justicia, capaz de aceptar renuncia y sacrificio en favor de sus ideales. La presencia de Saturno en Sagitario le orienta hacia una meta social y hacia el desarrollo de una filosofía respetuosa de las tradiciones.

Urano en Cáncer en la Casa IX transforma la rigidez y el inmovilismo saturnino en militancia activa, imponiéndose sobre las presiones que su entorno ejerce sobre él.

Quirón, a 26° 51' de Piscis, recibe un trígono de Urano, una cuadratura de Saturno, y un trígono de la conjunción Venus-Marte. Además es importante su ubicación en la Casa V. A través del estudio de Quirón en el signo de Piscis, reconocemos su tendencia hacia la pasividad y su capacidad de sacrificio, que puede ser llevado al extremo del martirio, y una destacada sensibilidad hacia el dolor ajeno. Quirón en la Casa V lo dirige hacia la sublimación de las relaciones afectivas personales en favor del amor altruista que le lleva a convertirse en el padre de un pueblo al cual dirigirá hacia un nuevo nacimiento.

El trígono de Urano nos descubre a un líder que utiliza métodos poco convencionales e innovadores; debemos destacar que Urano está ubicado en Casa IX y Quirón en la V, favoreciendo el proceso creativo a través del pensamiento que se expresa, en este caso, por el desarrollo de su talento como abogado y su erudición filosófica, desembocando en el desarrollo de un sistema de pensamiento completamente nuevo que da origen a una escuela filosófica. El trígono a la conjunción Marte-Venus le aporta la energía marciana para materializar su destino y la popularidad venusiana que le ayudó a conseguir la cooperación y el apoyo de sus amigos y seguidores, permitiéndole además la habilidad de no entrar en conflicto con el orden establecido. En las situaciones peligrosas a las que tuvo que enfrentarse siempre halló soluciones eficaces y revolucionarias que excluían

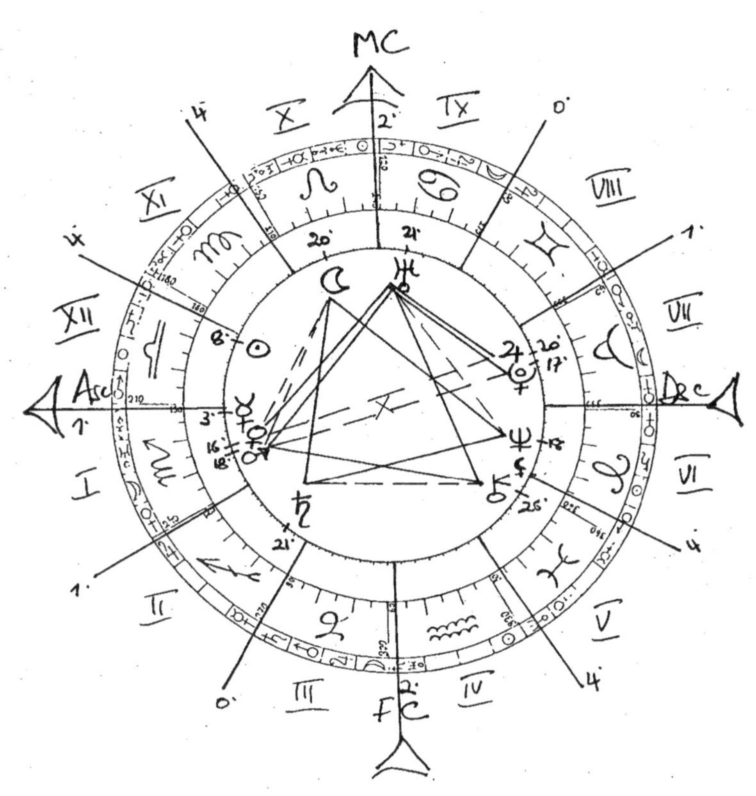

GANDHI
2 de OCTUBRE de 1896

la fuerza y la violencia, a pesar de lo cual no pudo evitar el rechazo más o menos soterrado de los políticos que poseían el poder (lo cual es también lógico si tenemos en cuenta que se trataba en realidad de una «guerra no-violenta» por la independencia del país).

El conflicto Saturno-Quirón refleja el enfrentamiento con la autoridad y es el responsable de que Gandhi fuera, repetidas veces, sancionado por el gobierno e incluso llevado a la prisión, lo que el Mahatma aceptaba con serenidad.

A pesar de todo, este conflicto se resolvió de forma positiva (Saturno está muy bien aspectado), llevándole a superar la inseguridad asociada a este aspecto a través de una fe inquebrantable.

Gandhi ha imprimido un sello imborrable en la historia de la humanidad por su obra espiritual (Quirón en V en Piscis), conquistando la inmortalidad.


## KRISHNAMURTI

He aquí otro jefe espiritual hindú, conocido mundialmente, traducido a todos los idiomas y cuyo destino fue también muy particular.

En el momento de su nacimiento, en el seno de una familia hindú, se había desarrollado paralelamente un importante movimiento espiritualista: el teosofismo, cuyo objetivo era la unificación del pensamiento filosófico y espiritual de Occidente con el de Oriente. Los teosofistas habían creado un centro en Adyar y sabían por astrología y otros sistemas que iban a encontrar un gran líder espiritual.

Estudiaron, pues, temas de niños. Un día, un teosofista descubrió, no lejos del centro, a dos niños que jugaban. Hizo levantar su tema y por casualidad «encontró».

Los dos niños fueron educados juntos por el movimiento teosofista Jiddu, el futuro «maestro» fue sometido a una intensa formación espiritual.

Observemos que en su tema, Saturno en la cúspide de IX, en Escorpio en trígono a Marte, Júpiter y Venus. A Jiddu no le fue solicitada su opinión y, a pesar de las protestas de su padre, fue separado de la familia, adoptado por Annie Besant y enviado a Londres a estudiar. Más tarde, hacia los 30 años, habiendo sido anunciado y preparado durante años, Jiddu Krishnamurti rechazará públicamente el papel que le había sido impuesto y comenzará a hablar… El inolvidable orador acababa de nacer: rechaza su misión, se opone a ella y recorre el mundo para enseñar la palabra liberadora. Sus lapidarias conversaciones, de una lucidez extraordinaria, señalarían para siempre la dirección del camino.

Estudiemos el papel que desempeña Quirón en este tema.

El planeta está situado en Libra, dándole una gran facilidad (a Krishnamurti le es dado todo a razón de lo que dará a los demás) que le constriñe. Durante mucho tiempo estará indeciso no sabiendo cómo oponer su verdad que, necesariamente, será fuente de escándalo y de desequilibrio. Se niega a separarse de su hermano, que lo seguirá a todas partes, y al que necesita para asumir su papel. De entrada, rechaza el combate abierto: deja hacer.

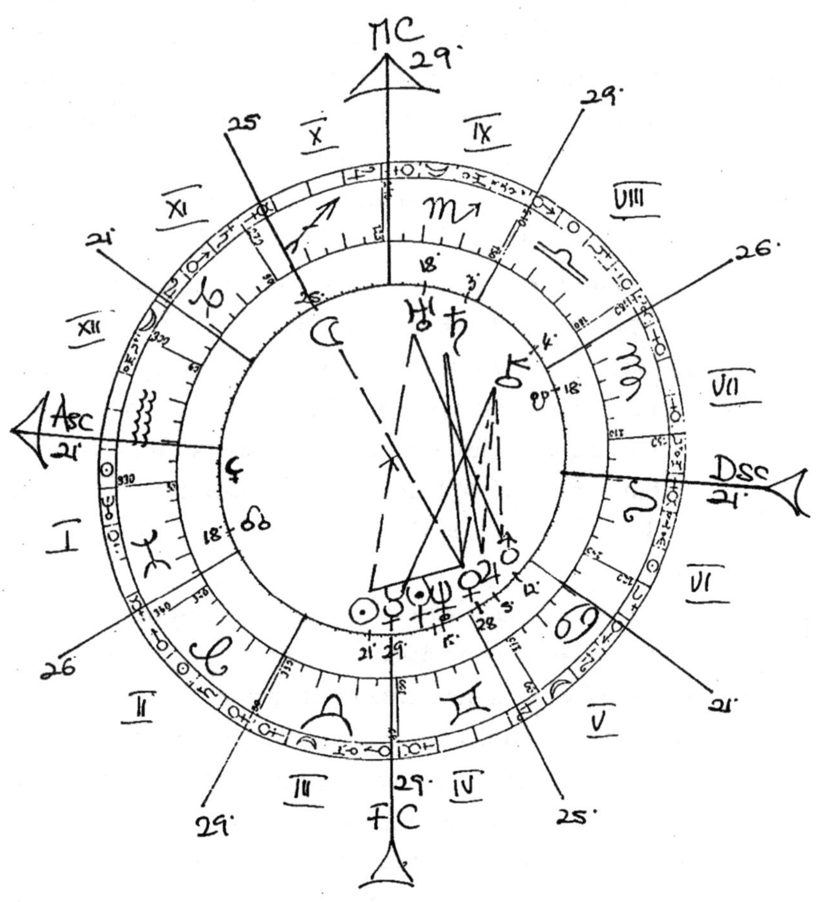



Jiddu Krishnamurti

11 de mayo de 1895

Jiddu, que por razones «espirituales» ha perdido a sus padres, deberá sufrir la desaparición de su hermano… Toda relación afectiva es destruida, sólo subsistirá lo esencial. Aquí Krishnamurti comprenderá para siempre que el amor personal debe de ser transmutado en universal. Quirón está en la Casa VIII; indica una búsqueda interior, enseñanzas mantenidas en secreto y luego la enseñanza transmitida a los demás basada en la liberación personal.

La cuadratura Quirón-Júpiter implica la negativa a conformarse con el orden establecido, el rechazo de la opinión dominante. Krishnamurti ha ido a contracorriente de los sistemas espirituales de moda creando «la revolución del silencio». Siempre ha intentado impedir que se formara una estructura al rededor suyo y, antes de dejar su envoltura carnal, dijo estas palabras: «No he dejado ningún discípulo».

La cuadratura Quirón-Marte implica conquistas imposibles, superación de sí mismo por la lucha y la rebelión. Krishnamurti trascendió magníficamente este aspecto por el desapego respecto a la acción.

Todo aspecto de Venus comporta un deseo de paz y de armonía. Esta disonancia obliga a buscar un camino personal a través de las pruebas afectivas. Esta vulnerabilidad puede ser canalizada en una vocación. El amor y la sexualidad son sublimados en el don de sí mismo.

El trígono Quirón-Mercurio se refiere a la comunicación. Nos hallamos ante un espíritu original, no falto de humor, que favorece la expresión original, cáustica, capaz de traducir su caminar espiritual con una simplicidad y una claridad tales que se hace evidente para todos.

Señalemos también que Saturno Urano en IX indican atracción por la filosofía. Como en el tema de Gandhi nos hallamos ante una fuerte influencia de Saturno y de Urano.

# CAMILLE CLAUDEL

He aquí un destino bruscamente célebre, típico de las vidas malditas. La literatura y el cine lo han hecho salir de la sombra. Nos ha parecido importante estudiar la influencia de Quirón en el tema de esta gran escultora que fue Camille Claudel.

Señalemos que Saturno en la cúspide de la Casa XII revela el aislamiento y las dificultades que tuvo en vida para obtener un reconocimiento público. ¡Su hermano era tan famoso! Urano situado en la Casa VIII, opuesto a Mercurio, señala su carácter rebelde y su desequilibrio psíquico. Quirón en la Casa IV, una Casa de agua, una morada kármica, apoya estos aspectos disonantes.

Quirón se encuentra en Piscis, signo que acentuará su sensibilidad psíquica y la orientará hacia la creación. Sin embargo, la edificación de su obra sufrirá un bloqueo y su pasión aguda la conducirá al martirio (Piscis, signo del sacrificio). Esto se ve apoyado por la cuadratura Venus-Saturno (Venus en Capricornio en cuadratura a su regente). La presencia de Quirón en este signo implica situaciones ambiguas complejas. Se notan aquí los efectos de una vida desordenada acompañada de un profundo desprecio por las convenciones que será duramente juzgada por su época.

La cuadratura Quirón-Júpiter nos indica su incapacidad de doblegarse a las normas de la sociedad. Le será negado cualquier tipo de apoyo en todos los terrenos, y Camille no será objeto de ningún tipo de reconocimiento oficial en vida. La enseñanza de un maestro (Rodin) será fuente de pruebas.

Se ve también aquí la vulnerabilidad del artista y su aspiración hacia el absoluto. Disonante en Casa IV, Quirón tiende a impedir la integración de Camille en el medio familiar.

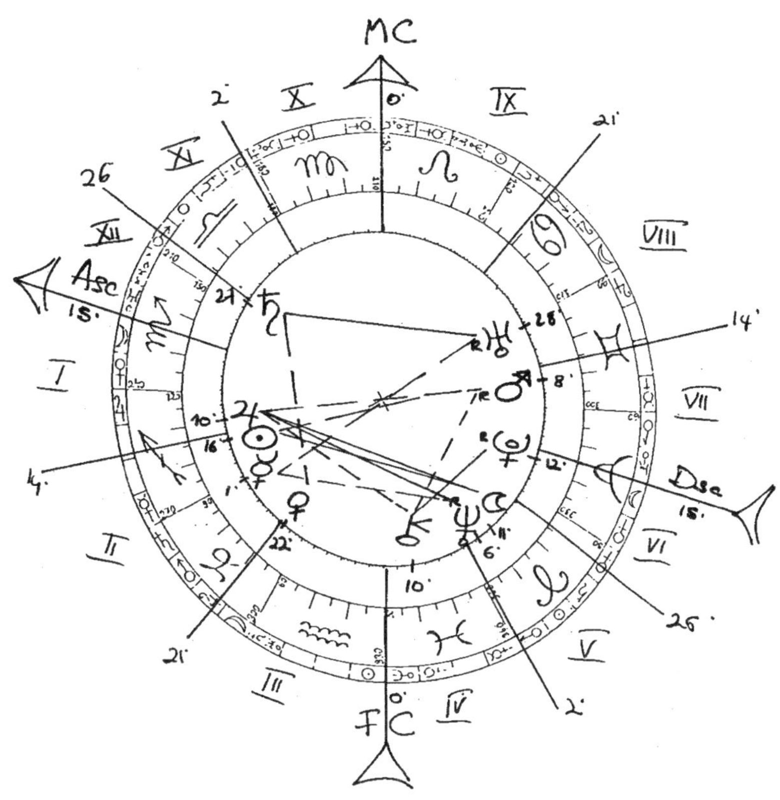



CAMILLE CLAUDEL
8 de DICIEMBRE de 1864

El equilibrio vital de la nativa se ve seriamente afectado por la cuadratura entre Quirón y el Sol. De ahí sus crisis de identidad y la búsqueda de un camino que comporte una realización personal incluso si ha de oponerse a su familia.

La muerte de su padre producirá una transformación negativa en su obra, y la ruptura con Rodin la conducirá a la desesperación y al caos.

Cualquier aspecto entre Quirón y Marte señala una voluntad de acción, afirmación de uno mismo y energía combativa. Esta cuadratura indica un sentido de la conquista al mismo tiempo que falta de adaptabilidad e incapacidad de doblegarse.

Pocos elementos en el tema de Camille Claudel auguraban un destino tan trágico; sólo la posición y los aspectos de Quirón nos permiten comprender los problemas con los que tuvo que enfrentarse la genial escultora y el destino que le tocó vivir.

## PABLO PICASSO

El tema de Pablo Picasso es un excelente tema-ejemplo para hablar del éxito artístico y social. Encontramos en él cinco planetas (entre ellos Quirón) en la Casa X. El hombre y su obra son lo suficientemente conocidos para que entremos en detalle.

Veamos más bien qué precisiones nos aporta Quirón.

Quirón en la Casa X implica un rechazo, una obra contestataria y la necesidad de afirmarse frente a la sociedad. Los recuerdos son importantes para reconstruir. La singularidad extraordinaria de la pintura de Picasso corresponde a la presencia de Quirón y de Plutón en X. Su necesidad de innovar provocaría un tremendo impacto a largo plazo sobre el mundo del arte, alcanzando al gran público.

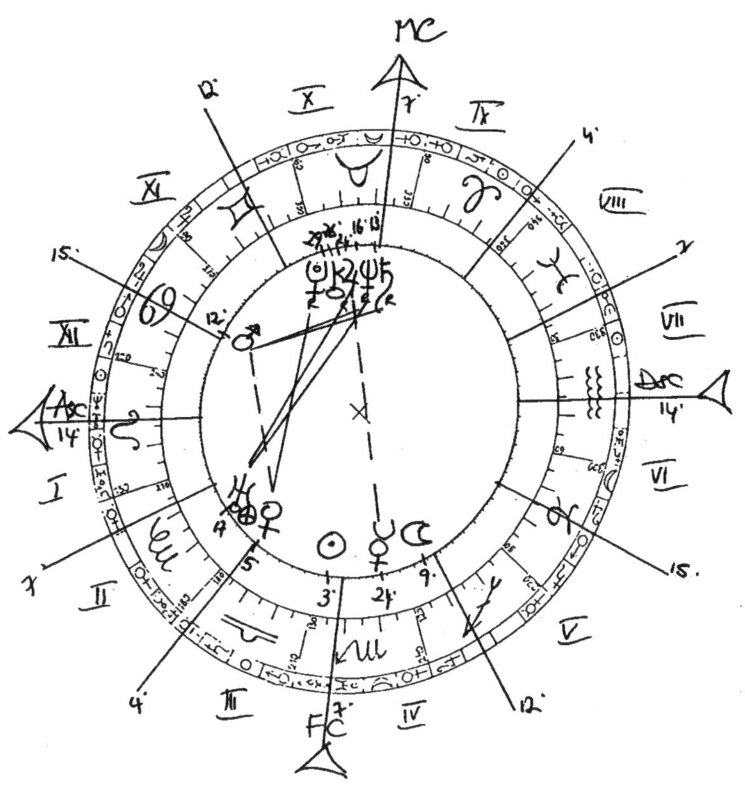



PABLO PICASSO
26 de octubre de 1881

De origen modesto, Picasso empezará pronto a acumular: sus propias obras, las de los demás, propiedades, mujeres, etc. Quirón en el signo de Tauro nos señala su temperamento colérico, su célebre magnetismo, así como una obra material importante.

La triple conjunción Quirón, Plutón, Júpiter acentúa el poder personal y el potencial creativo de Picasso, basados en la primitividad del instinto. Los constantes replanteamientos de su arte son como muertes y renacimientos sucesivos, siempre sostenidos por Quirón, que harán de Pablo Picasso el pintor más famoso de su época, alcanzando en vida la inmortalidad.

Señalemos cómo Quirón en la Casa décima permitió el establecimiento de un diálogo y de una obra que, prescindiendo del pasado, iba a generar muchos movimientos: cubismo, surrealismo, dadaísmo, arte abstracto, etc., y a ser conocida por millones de personas.

Para señalar el aspecto terapéutico de Quirón, he aquí los temas de Jacques Lacan, Carl Gustav Jung y Elizabeth Kubbler-Ross que analizaremos brevemente.

## JACQUES LACAN

Señalemos la conjunción Quirón, Júpiter y Saturno en Capricornio y en la Casa V, que rige la enseñanza. Nos hallamos ante el líder, esta vez no de una práctica artística, sino del psicoanálisis y del creador de un sistema de pensamiento que ha alcanzado una repercusión mundial.

El Capricornio señala el aspecto severo y hermético de un modo de razonar sumamente selectivo. La cuadratura Sol-Quirón subraya su búsqueda constante de identidad a través de la estructuración del lenguaje.

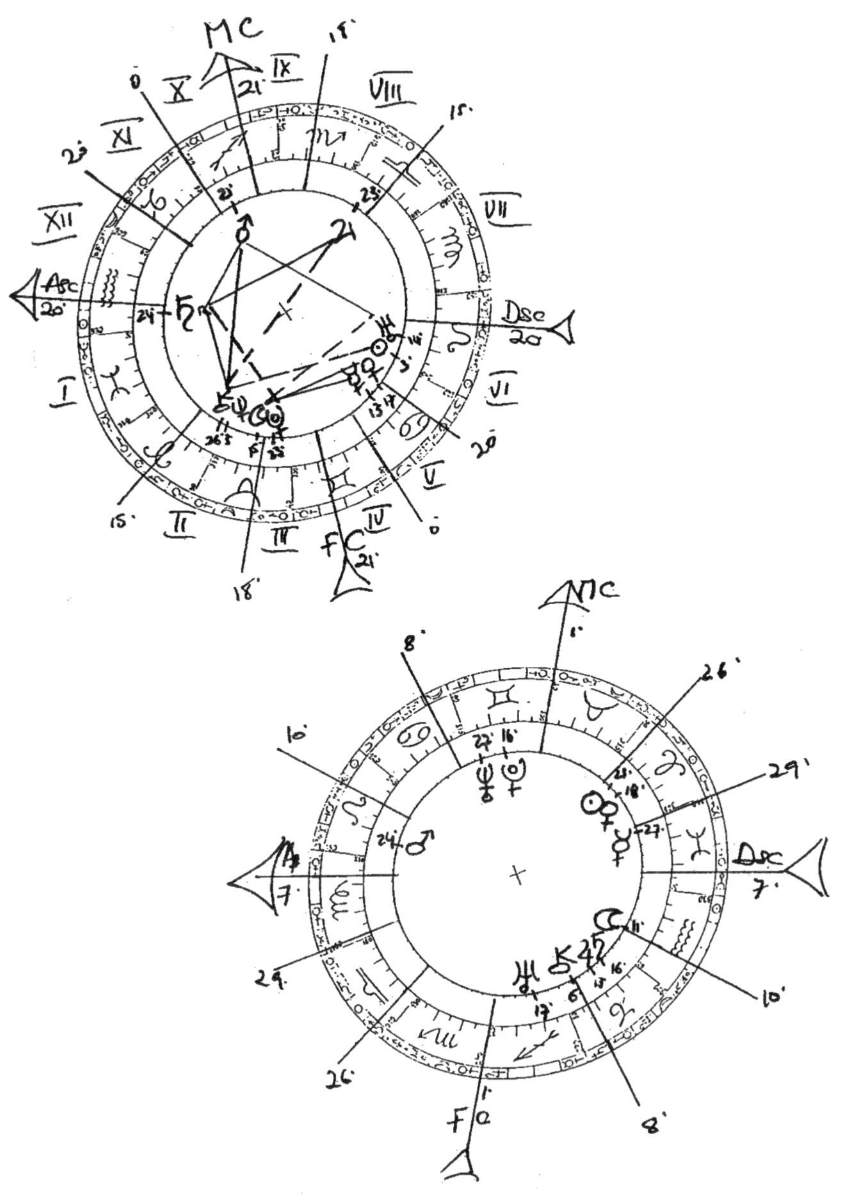


CARL GUSTAV JUNG
26 de julio de 1875

JACQUES LACAN
13 de abril de 1901

## CARL GUSTAV JUNG

En el caso de Jung, la signatura quironiana es del tipo ariano. Nos hallamos, pues, ante un pionero. En este caso se trata también de un psicoanalista y concretamente (a causa de la conjunción de Quirón con Neptuno) de un estudioso de los sueños, del inconsciente y de las imágenes arquetípicas.

De nuevo una cuadratura Sol-Quirón señala una búsqueda de identidad, similar a la de Lacan, pero en este caso desemboca en una acción más directa gracias al trígono con Marte. La oposición con Júpiter le hará romper con el aspecto convencional de su época y se hallará sin duda también presente en su ruptura con Freud.

Quirón en la segunda Casa nos indica las adquisiciones espirituales y filosóficas de Jung.

Júpiter en la Casa VIII implica un gran poder terapéutico orientado hacia la transfiguración.

Opuesto a Quirón, Júpiter está bien aspectado con Saturno, lo que ayuda a la edificación de una obra sólida en medio de la soledad y de la superación constante de sí mismo.

## ELISABETH KUBBLER-ROSS

Observemos la presencia de un Quirón muy armónico en este tema: trígono a Neptuno, sextil a Júpiter y a la Luna, significadores del deseo de comunicar con los demás por un ideal o una fe, una gran sensibilidad al sufrimiento de los demás y un magnetismo poderoso. Su apertura hacia lo invisible en un sentido curativo es evidente, pero su trabajo, directamente ligado a la muerte, viene indicado por la conjunción Sol-Plutón y Nodo Norte, en trígono a Saturno en la Casa VIII y el signo de Escorpio.

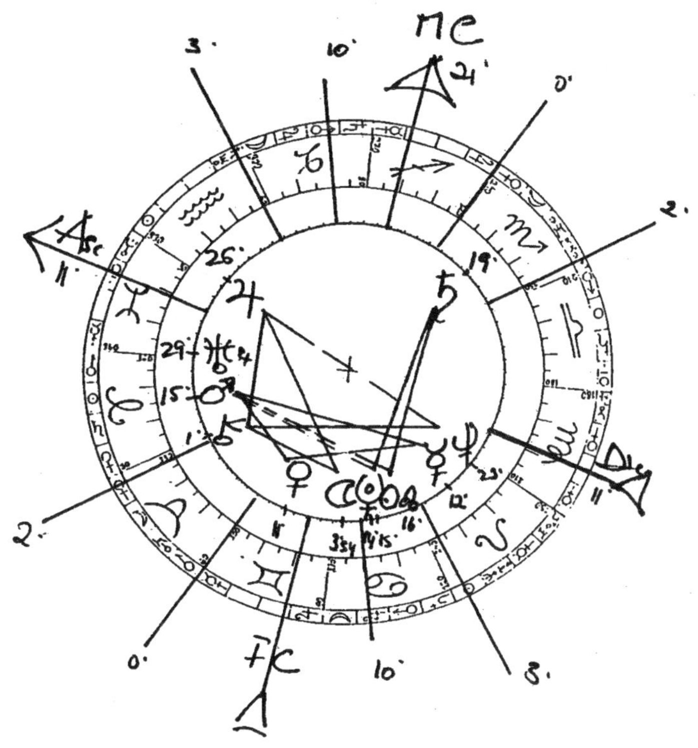



Elizabeth Kubbler-Ross
8 de julio de 1926
Zúrich

Señalemos la presencia de Quirón en la cúspide de la Casa II, que indica la adquisición de bienes filosóficos.

El sextil Júpiter-Quirón (entre las Casas XII y II) acentúa su capacidad de percepción y le concede un papel benéfico y protector, haciéndola capaz de ayudar a los demás enseñándoles a asumir las pruebas de la vida y de la muerte. El sextil Luna-Quirón nos señala la riqueza emocional y maternal de esta Luna en Cáncer, que va a poderse manifestar en el plano curativo aportando respuestas útiles y calurosas a los problemas cotidianos.

## STEPHEN HAWKING

Fue una de las mentes privilegiadas del siglo xx. Su vida estuvo marcada por una enfermedad neurodegenerativa, la ELA, que le diagnosticaron a los 21 años y que le mantuvo en una dependencia física cada vez mayor, pero que no le impidió desarrollar una brillante carrera como físico teórico, astrofísico, cosmólogo y divulgador científico.

En su carta astral vemos predominio de planetas en signos de aire (mental) y de tierra (determinación para llevar a la práctica sus ideas). Su gran trígono Urano-Mercurio-Neptuno le concede una gran inteligencia conectada con la intuición.

Le diagnosticaron la ELA cuando Saturno, planeta regente de su casa XII, sector de las enfermedades crónicas, transitaba por su casa I en oposición a su Quirón natal. Y en la revolución solar del mismo año podemos ver a Quirón opuesto a Urano y a Plutón; Urano muestra la aparición repentina de su enfermedad y Plutón la transformación o muerte de su vida cotidiana como era antes.

Su Quirón en el signo de Leo y en la Casa VII, angular, es muy importante en su carta.

La Casa VII muestra cómo nos relacionamos con un otro, le hizo muy sensible al rechazo, una extrema timidez a la que tuvo que enfrentarse cuando su enfermedad le dificultó aún más el contacto. Tuvo que buscar su propia manera de relacionarse, aceptándose a sí mismo, y convirtiéndose en un maestro para otros al igual que Quirón. Impresiona ver cómo afrontó la enfermedad sin renunciar a vivir su vida plenamente, convirtiéndose en un personaje público admirado que ejercía un magnetismo especial sobre la gente.

En su carta natal, Quirón está en conjunción con Plutón, que le pone en contacto con la fuente de su poder personal, con el potencial de intuir el camino para transformarse a sí mismo y a los demás, eliminando lo innecesario para dar paso a la regeneración, a la aceptación de la muerte, una gran sabiduría que podrá transmitir a otros.

Su Quirón natal está en sextil con Júpiter, buen aspecto que conecta la pareja y la familia. En efecto, se casó dos veces y de su primera mujer tuvo tres hijos. En 1991 se divorció por primera vez y en 1995 se casó por segunda vez, este matrimonio duró 11 años. Después de su segundo divorcio, recuperó la relación de amistad con su primera mujer, que le ayudó hasta su muerte.

«Dios no sólo juega los dados, a veces los tira
donde no se pueden ver».

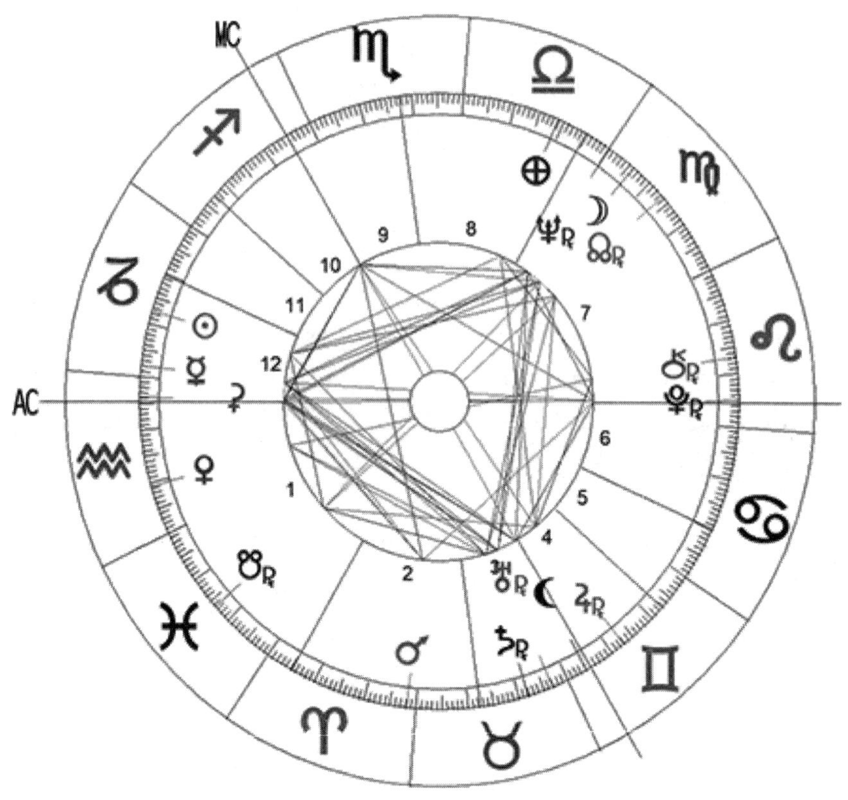



Stephen Hawking
Oxford, 08/01/1942 a las 10:08:00

Para averiguar la posición exacta de Quirón para una fecha concreta, se puede consultar en:

https://astrostyle.com/cosmic-calculators/chiron-sign/

## TABLAS DE QUIRÓN

| Mayo 24, 1926 | 8:56 PM | Quirón entra en Tauro |
| Octubre 20, 1926 | 2:53 AM | Quirón Retrógrado entra en Aries |
| Marzo 25, 1927 | 6:18 AM | Quirón entra en Tauro |
| Junio 6, 1933 | 10:23 PM | Quirón entra en Géminis |
| Diciembre 22, 1933 | 2:38 AM | Quirón Retrógrado entra en Tauro |
| Marzo 23, 193 | 9:06 AM | Quirón entra en Géminis |
| Agosto 27, 1937 | 1:19 PM | Quirón entra en Cáncer |
| Noviembre 22, 1937 | 9:05 PM | Quirón Retrógrado entra en Géminis |
| Mayo 28, 1938 | 8:39 AM | Quirón entra en Cáncer |
| Septiembre 29, 1940 | 11:44 PM | Quirón entra en Leo |
| Diciembre 27, 194 | 12:59 AM | Quirón Retrógrado entra en Cáncer |
| Junio 16, 1941 | 2:34 PM | Quirón entra en Leo |
| Julio 26, 1943 | 6:42 PM | Quirón entra en Virgo |
| Noviembre 17, 1944 | 11:23 PM | Quirón entra en Libra |
| Marzo 23, 1945 | 10:50 PM | Quirón Retrógrado entra en Virgo |
| Julio 22, 1945 | 12:31 PM | Quirón entra en Libra |
| Noviembre 10, 1946 | 2:14 AM | Quirón entra en Escorpio |
| Noviembre 28, 1948 | 7:59 AM | Quirón entra en Sagitario |
| Febrero 8, 1951 | 8:26 PM | Quirón entra en Capricornio |
| Junio 18, 1951 | 9:13 AM | Quirón Retrógrado entra en Sagitario |
| Noviembre 8, 1951 | 11:22 AM | Quirón entra en Capricornio |

| | | |
|---|---|---|
| Enero 27, 1955 | 11:28 AM | Quirón entra en Acuario |
| Marzo 26, 1960 | 8:39 AM | Quirón entra en Piscis |
| Agosto 19, 1960 | 2:31 AM | Quirón Retrógrado entra en Acuario |
| Enero 20, 1961 | 8:50 PM | Quirón entra en Piscis |
| Abril 1, 1968 | 2:08 AM | Quirón entra en Aries |
| Octubre 18, 1968 | 6:36 PM | Quirón Retrógrado entra en Piscis |
| Enero 30, 1969 | 3:12 AM | Quirón entra en Aries |
| Mayo 28, 197 | 7:10 AM | Quirón entra en Tauro |
| Octubre 13, 1976 | 6:46 PM | Quirón Retrógrado entra en Aries |
| Marzo 28, 1977 | 2:05 PM | Quirón entra en Tauro |
| Junio 21, 1983 | 9:54 AM | Quirón entra en Géminis |
| Noviembre 29, 1983 | 8:19 AM | Quirón Retrógrado entra en Tauro |
| Abril 10, 1984 | 11:19 PM | Quirón entra en Géminis |
| Junio 21, 1988 | 5:40 AM | Quirón entra en Cáncer |
| Julio 21, 1991 | 11:54 AM | Quirón entra en Leo |
| Septiembre 3, 1993 | 1:32 PM | Quirón entra en Virgo |
| Septiembre 9, 1995 | 10:28 AM | Quirón entra en Libra |
| Diciembre 29, 1996 | 6:16 AM | Quirón entra en Escorpio |
| Abril 4, 1997 | 11:50 AM | Quirón Retrógrado entra en Libra |
| Septiembre 2, 1997 | 11:24 PM | Quirón entra en Escorpio |
| Enero 7, 1999 | 5:28 AM | Quirón entra en Sagitario |
| Junio 1, 1999 | 5:52 AM | Quirón Retrógrado entra en Escorpio |
| Septiembre 21, 1999 | 10:30 PM | Quirón entra en Sagitario |
| Diciembre 11, 2001 | 6:04 PM | Quirón entra en Capricornio |
| Febrero 21, 2005 | 12:33 PM | Quirón entra en Acuario |
| Julio 31, 2005 | 11:48 PM | Quirón Retrógrado entra en Capricornio |
| Diciembre 5, 2005 | 8:03 PM | Quirón entra en Acuario |
| Abril 20, 2010 | 2:28 AM | Quirón entra en Piscis |

| Julio 20, 2010 | 5:46 AM | Quirón Retrógrado entra en Acuario |
| Febrero 8, 2011 | 2:55 PM | Quirón entra en Piscis |
| Abril 17, 2018 | 4:09 AM | Quirón entra en Aries |
| Septiembre 25, 2018 | 8:12 PM | Quirón Retrógrado entra en Piscis |
| Febrero 18, 2019 | 4:07 AM | Quirón entra en Aries |
| Junio 19, 2026 | 5:17 PM | Quirón entra en Tauro |
| Septiembre 17, 2026 | 9:54 PM | Quirón Retrógrado entra en Aries |
| Abril 14, 2027 | 10:56 AM | Quirón entra en Tauro |
| Jul 19, 2033 | 9:35 AM | Quirón entra en Géminis |
| Octubre 23, 2033 | 6:21 PM | Quirón Retrógrado entra en Tauro |
| Mayo 5, 2034 | 5:50 PM | Quirón entra en Géminis |
| Julio 22, 2038 | 1:49 AM | Quirón entra en Cáncer |
| Enero 8, 2039 | 12:06 PM | Quirón Retrógrado entra en Géminis |
| Abril 26, 2039 | 2:26 AM | Quirón entra en Cáncer |
| Agosto 28, 2041 | 6:14 AM | Quirón entra en Leo |
| Febrero 9, 2042 | 11:08 PM | Quirón Retrógrado entra en Cáncer |
| Mayo 16, 2042 | 6:51 PM | Quirón entra en Leo |
| Octubre 23, 2043 | 12:47 PM | Quirón entra en Virgo |
| Febrero 10, 2044 | 3:54 AM | Quirón Retrógrado entra en Leo |
| Julio 1, 2044 | 1:11 PM | Quirón entra en Virgo |
| Octubre 24, 2045 | 4:53 PM | Quirón entra en Libra |

# Índice